사랑의 미로

정신분석과 텍스트 읽기

사랑의 미로

정신분석과 텍스트 읽기

이정호 지음

도서출판 ▌동인

그토록 다짐을 하건만
사랑은 알 수 없어요
사랑으로 눈먼 가슴은
진실 하나에 울지요.

　이 책을 다 쓸 때까지 책 제목을 정하지 못했다. 물론 부제는 <정신분석과 텍스트 읽기>라고 정한지 오래 됐지만. 어떤 때는 이 부제를 책제목으로 쓸까 생각해 봤지만, 좀 딱딱한 느낌이 들어 그만두기로 했다. 한국에서 정신분석이라는 말이 들어간 제목으로 책을 내봐야 얼마나 많은 독자가 읽어 줄까가 대단히 의문스러웠다. 그러던 차에 <사랑의 미로>는 어떨까 하는 생각이 들었다. 이 책에서 다루는 글들이 모두 사랑에 대한 것들이니 큰 문제가 없으리라고 생각했기 때문이다. 더구나 정년퇴직이 코앞에 닥쳤으니 누가 이 책을 대중서라고 본들 크게 괘념할 처지도 아니지 않는가? 이런 생각이 나자 인터넷에 들어가 <사랑의 미로>를 검색하기로 맘먹었다. 미안하지만 <하숙생>을 부른 최희준과 <사랑의 미로>를 부른 최진희가 좀 헷갈렸기 때문이다.

인터넷에 들어가니 놀랍게도 최진희의 <사랑의 미로>라는 노래를 들려주는 사이트가 있었다. 물론 일본에서 활약하고 있는 계은숙이 이 노래를 번안하여 일본어로 부른 사이트도 있고, 최진희의 <사랑의 미로>를 들으니 아주 착잡한 기분이 들었다. 이 글은 최진희의 <사랑의 미로>를 듣고 나서 이를 이 책제목으로 정한 뒤 쓴 글이다.

이 책은 정년퇴직 후에 나올 공산이 아주 크다. 그 때쯤이면 서울대학교 교수가 유행가 제목을 책제목으로 쓴다고 비난할 사람은 없을 것이다. 더구나 그 때쯤에는 이 책을 연구 업적이랍시고 대학교 연구처에 등록할 필요도 없을 터이니까. 그럼에도 불구하고 이 책은 가벼운 마음으로 그리고 가볍게 쓴 것은 아니다. 사랑이란 모두들 얘기 하지만, 그것은 그렇게 쉬운 주제가 아니지 않은가?

이 책을 읽는 사람은 알겠지만, 이 책에서는 사랑의 여러 변주곡을 살펴본다. 인간이 먹지 않고 살 수 없는 거나 마찬가지로 사랑 없이도 살 수 없다. 따라서 이 책에서는 서양 문학, 특히 영미 문학에 나타나는 여러 가지 형태의 사랑에 대한 담론을 다루고 있다. 따라서 이 책을 읽는 독자에게 당부하고 싶은 것은 가슴은 가볍게, 그러나 머리는 냉철하게 하고 이 책을 읽어 주었으면 하는 것이다. 사랑의 미로는 워낙 객관화하기가 쉽지 않기 때문에 이 같은 이중적 또는 상충적인 마음가짐으로 이해할 필요가 있다. 아무쪼록 <사랑의 미로>라는 롤러코스터를 타면서 멀미를 경험하지 않기 바란다. "사랑으로 눈먼 가슴은 진실 하나에 울지요"라는 위에 인용한 노래 가사의 마지막 구절처럼 그 이유는 알 수 없지만, 진실은 우리를 울게 한다. 더구나 사랑의 진실은 더욱 더 그러하다. 그렇다면 사랑의 진실은 그것이 무엇이든지 간에 우리의 영혼을 울리게 하는 주이상스는 아닐는지?

영문과 학생이라면 거의 누구나 알고 있는 시 중의 하나로 19세기 영국 시인인 코울리지(1772-1834)가 쓴 <쿠블라 칸>이라는 시가 있다. 이 시의 처음은 이렇게 웅장하게 시작한다.

　　재너두에 쿠블라 칸은
　　웅장한 열락궁悅樂宮을 지으라 명했다.

여기서 나는 이 시에 대해 길게 얘기하려는 것은 아니다. 이 시는 쿠블라 칸이라는 전설적인 몽골 제국의 황제가 명령 한 마디로 삽시간에 열락궁을 짓는 것에 비유하여 시인의 영감이 어떻게 시가 되는가를 보여주는 시 쓰기에 관한 시이다. 그러나 이 시에 나오는 다음 구절은 내가 오랫동안 이성적으로 설명하기 어려운 구절이었다. 적어도 라캉을 읽기까지는.

　　그러나 오! 삼나무 숲을 가로 질러
　　푸르른 산 아래로 기운 저 깊은 낭만적 협곡峽谷이여!
　　야생의 장소! 마치 언제나 이우는 달 아래
　　악마 연인이 그리워 울부짖는 여인이 나타날 것만 같은
　　성스럽고 요술에 걸린 듯한 곳!

나는 성스럽고 요술에 걸린 듯한 야생의 장소에서 악마 연인을 그리워하며 울부짖는 여인이 무엇을 의미하는지를 오랫동안 알지 못했다. 그러나 라캉을 읽으면서 이 여인은 바로 악마 연인에게서 느끼던 주이상스를 그리워한다는 것을 알게 되었다. 주이상스는 아버지의 법이 금지하는 것으로 그렇기 때문에 그녀가 느낀 주이상스는 곧 고통스러운 즐거움이다. 그녀는 이런 주이상스를 경험했고 이런 주이상스를 그녀가 느끼도록 한 악마 연인을 위해 울부짖고 있는 것이다. 그녀는 곧 영감을 받은 시인의 은유이기도 하다. 그녀는 언어로는 표현 불가능한 한 번 경험한 주이상스를 그리워하면서 울고 있기 때문이다.

그녀가 울부짖는 이유는 단지 이처럼 돌이킬 수 없는 경험에 대한 그리움만이 아니다. 그녀는 이런 주이상스를 말로 표현할 수 없다는 사실 자체에 절망하고 있다. 이는 곧 주이상스를 경험한 시인이 이를 글로 표현하지 못하는 안타까움과 회한悔恨의 감정이기도 하다. 그녀는 또한 언제 다시 이런 주이상스를 느낄 수 있을 지에 대한 기약이 없어 이처럼 울부짖는 것이다. 따라서 그녀가 흘리는 눈물은 쓰라린 기쁨이라는 모순되고 복합적인 감정을 드러낸다. 눈물이 쓰라린 이유는 이런 주이상스의 경험이 과거의 어느 때에 일어난 것이기 때문에 다시 또 한번 경험할 수 없다는 사실 때문이다. 그리고 그것이 기쁨이 되는 이유는 아버지의 법이 악마 연인으로부터 주이상스를 느끼는 것을 금지하기 때문이다. 내가 라캉을 읽고 그의 주이상스라는 개념을 알지 못했더라면 이처럼 몸부림치며 울부짖는 여인이 갈망하는 것이 주이상스라는 사실을 미처 알지 못했을 것이다.

이 책에서 필자가 쓴 거의 모든 글들은 직접적으로든 간접적으로든 이런 주이상스의 경험에 관한 것들이다. 사랑의 미로는 바로 이런 주이상스에 근원한다는 사실은 바로 주이상스 자체가 모순적이고 자가당착적이라는 사실일 수 있다. 독자들이 이 글들을 읽는 동안 또 다른 종류의 주이상스를 어느 정도 느낄 수 있기를 필자는 바라마지 않는다.

2008년 7월 2일[수요일], 오후 9시
저자 씀

담고 순서

1

오이디푸스 왕, 자신도 모르는 사이
아버지를 죽이고 어머니를 사랑하다

1. 시작하는 말

인류의 역사는 아담과 이브가 낙원에서 금지된 사과를 따먹고 추방되는
순간부터의 역사이다. 비록 이 같은 선언적인 사실이 적어도『구약』의 「창
세기」에 적혀 있는 것으로서 인간 역사의 시작을 은유적으로 표현한 것이
라 하더라도 어느 정도까지는 인간의 의식에 대한 인식론적인 사실과 대
단히 근접한다. 그렇다면 인간의 섹슈얼리티의 시작은 어디쯤일까? 그것은
아마도 고대 그리스의 극작가인 소포클레스가 구전 신화를 다시 정리한
『오이디푸스 왕』에서 찾아지지 않을까 생각한다. 우리는 이 같은 두 개의
시발점이 서양 문헌에 기초한 것이라는 사실 때문에 정도 이상의 거부감
을 드러낼 필요는 없다. 비록 이 같은 문헌이 아니더라도 인간은 이러한
원초에 대한 궁금증을 가지고 있어 왔는데, 편리하게도 이 두 개의 기록물

은 우리의 호기심을 어느 정도 해소시킨 셈이다. 그렇지 않았더라면 우리는 다른 곳에서 우리의 궁금증을 해소하려 했을 것이다.

『오이디푸스 왕』은 소포클레스(기원전 496-기원전 406)의 창작물이 아니다. 이 희곡의 내용은 전해 내려오던 오이디푸스 왕의 전설을 소포클레스가 극화한 것일 뿐이다. 따라서 이 극을 보는 고대 아테네의 시민들은 이 희곡의 내용을 이미 알고 극을 관람한 셈이다. 극작가인 소포클레스에게는 관객이 극의 내용을 안다는 사실은 득得으로도 작용하고 실失로도 작용했다. 우선 득으로 작용한 측면을 보자. 그는 이 극의 내용이 전설로 전해 내려오던 것이기 때문에 새로운 극의 이야기를 창작할 필요가 없다는 이점이 있었다. 그러나 이러한 이점은 그에게 실失로 작용하기도 했다. 관객이 이미 알고 있는 내용을 극에 담을 경우 그는 이러한 내용을 어떻게 전해야만 관객에게 신선한 충격을 줄 수 있을지가 큰 고민거리였을 것이다. 이처럼 어려운 극작의 문제를 소포클레스는 충분히 극복했을 뿐만 아니라 이에서 더 나아가 이를 서양 희곡의 역사에서 가장 훌륭한 연극으로 창작했다. 특히 아리스토텔레스는 서양 최초의 비평 이론서인『시학』의 대부분을 이 희곡의 분석에 할애割愛함으로써 자신의 문학 이론을 설명함과 동시에『오이디푸스 왕』의 탁월함을 드러낸다.

우선 이 희곡의 도입부를 보자. 오이디푸스 왕은 자신의 궁전에서 나온다. 그는 제단에 일단 一團의 시민들이 모여 있는 것을 발견한다. 사제는 그에게 여기 있는 사람들은 오이디푸스 왕에게 테베를 역병疫病으로부터 구해달라고 청원하기 위해 모인 것이라는 사실을 알려준다. 오이디푸스 왕은 스핑크스로부터 이 도시를 구한 인물로서 이제는 왕이 된 사람이다. 이러한 이야기를 듣고 오이디푸스 왕은 그가 이미 크레온을 델피 신전으로 보냈음을 군중들에게 알려 준다. 그가 이렇게 한 것은 크레온이 신전에서 신탁을 받아 그에게 가져오게 하기 위함이었다. 곧 이어 크레온이 들어와서 신탁의 내용을 왕에게 말한다. 그는 지금 테베는 더럽혀 진 상태에 있는데, 그렇게 된 이유는 전 왕인 라이오스 왕을 죽인 살인자가 아직도 잡히지 않아 그가 죄 값을 치르지 않았기 때문이라고 말한다. 테베를 구하기 위해서는 왕을 살해한 범인이 잡혀 사형을 당하든지 아니면 국외로 추방을 당해야만 신들의 분노가 수그러들 것임을 크레온은 알려 준다. 오이디푸스 왕은 자신이 살인자를 찾아내어 그에게 합당한 벌을 주겠다고 약속한다. 이 극은 이렇게 시작된다. 이 같은 이 희곡의 시작은 후에 '사건의 중간에서'*in medias res*라는 용어로 굳어진 비평 용어의 가장 적절한 예로 알려진다. '사건의 중간에서'라는 개념은 어떤 이야기의 플롯을 시작할 때, 시간적으로 처음으로 거슬러 올라가는 것이 아니라, 현재적인 상황의 핵심에서부터 이야기를 시작해야 한다는 원칙이다. 이러한 원칙은 아직까지도 문학에서 이야기의 플롯을 전개하는 가장 중요한 원칙 중의 하나로 여겨진다. 이러한 '사건의 중간에서' 시작된 플롯은 클라이맥스를 향해 전개되는 동안 위기를 드러내어 사건이 하강 국면을 맞게 된다. 이렇게 되면 사건이 역전逆轉되어 파국破局에 이르게 되고 플롯은 대단원大團圓을 맞게 된다. 그러는 동안 주인공은 스스로의 잘못을 발견하게 된다. 이러한 대단원의 과정에서 관객은 주인공에게 동정과 연민을 느끼게 되어 그들이 가지고 있던 감정이 정화淨化된다. 이를 아리스토텔레스는 카타르시스라고 부른다. 이제 우리는 이 희곡을 통해 우리가 어떻게 카다르시스에 도달하게 되는지를 살펴보기로 하자.

2. 오이디푸스의 파란만장波瀾萬丈한 인생 역정

오이디푸스는 파란만장한 삶을 산 인물이다. 고대 그리스의 신화는 오이디푸스의 일생에 대해 다음과 같이 전한다. 테베의 왕 라이오스는 아들이 태어나서 아직 어릴 적 어느 날 자신의 아들에 의해 살해될 것이라는 끔찍한 내용의 신탁을 받는다. 이런 신탁을 받고 놀란 라이오스 왕은 이 같은 불상사를 미연에 방지하기 위해 어린 아들의 발에 꼬챙이를 찔러 시타에론 산에 버리도록 한다. 이 같이 버려진 어린 아이를 한 목부가 발견하게 되고 아이는 마침 자식이 없던 코린트의 왕 폴리부스와 왕비인 메로페의 친아들로 양육된다. 성인이 된 오이디푸스는 델피 신전에서 신탁을 받게 되는데 그 내용은 그가 아버지를 죽이고 어머니와 결혼할 것이라는 것이었다. 이렇게 황당한 신탁을 받은 오이디푸스는 불행을 막기 위해 겁에 질려 코린트를 탈출한다. 이렇게 탈출하는 길에 그는 삼거리에 이르게 되고 거기서 우연히 말을 타고 지나가는 행인과 언쟁을 하게 된다. 그러던 중에 자신도 모르게 행인에게 폭력을 휘두르게 되고, 그 결과 행인은 죽고 만다. 이렇게 해서 죽은 행인은 자신의 친아버지인 라이오스 왕이었다.

이런 사건이 있은 후 오이디푸스는 테베에 도착하게 된다. 당시 테베는 얼굴은 여자이고 몸통은 사자의 형상을 한 스핑크스가 출몰하여 테베로 들어가는 길목을 지키고 있었다. 이 스핑크스가 바로 테베의 시민들을 못살게 굴고 있는 괴물이었다. 테베로 들어가기 위해서는 이 스핑크스의 질문에 답을 해야 하는데, 지금까지 아무도 스핑크스의 질문에 답한 사람이 없었다. 스핑크스는 이제까지 아무도 대답하지 못한 수수께끼를 오이디푸스에게 던졌다. 그것은 아침에는 네 발로, 점심에는 두 발로, 그리고 저녁에는 세 발로 걷는 것은 무엇인가 하는 질문이었다. 오이디푸스는 그것이 사람이라고 대답하자, 스핑크스는 오이디푸스의 답이 맞다고 말하면서 테베를 옭아맸던 저주를 풀고 자신이 스스로 목숨을 끊는다. 이렇게 해서 테베의 곤경을 해결한 오이디푸스는 테베의 중신인 크레온으로부터 테베의 왕위와 더불어 라이오스 왕의 미망인인 이오카스테와 결혼할 것을 제의받는다. 이오카스테는 크레온의 여동생이기도 하다. 오이디푸스가 왕위에 올라 테베를 다스린 지 얼마 지나 테베에는 무서운 역병이 돌게 된다. 크레온은 델피 신전에 가 신탁을 받게 되는데, 그 신탁은 라이오스 왕을 죽인 살인자를 찾아내서 그를 추방해야만 테베에 평화가 올 것이라 예언한다. 크레온은 이러한 신탁을 받고 라이오스 왕의 살인자를 추적하는 과정에서 예언자 티레시어스가 등장하여 라이오스 왕을 죽인 범인은 다름 아닌 오이디푸스 왕 자신이라고 말한다. 또한 오이디푸스를 발견하여 폴리부스 왕 부부에게 데려다 준 늙은 목부牧夫가 나타나 티레시어스의 이런 증언이 사실임을 입증한다. 이렇게 되자 이오카스테는 스스로 목숨을 끊고 오이디푸스는 이오카스테의 브로치로 자신의 두 눈을 찔러 장님이 되어 스스로 국외로 추방되어 방랑 생활을 하게 된다.

3. 오이디푸스 왕의 전설에 대한 프로이트의 해석: 오이디푸스 콤플렉스

우리는 이처럼 황당한 오이디푸스 왕의 전설을 어떻게 해석해야 할까? 오이디푸스 왕의 전설에 대한 가장 유명하고 설득력 있는 해석은 아마도 정신분석학을 창시한 프로이트의 해석일 것이다. 그는 자신의 이런 해석을 오이디푸스 콤플렉스라고 명명하면서 자신의 정신분석이론에서 가장 핵심적인 가설인 무의식에 대한 이론의 기초로 만들었다.

우선 우리가 염두에 두어야 할 것은 오이디푸스 자신은 자신이 아버지를 죽이고 어머니와 결혼할 의사가 전혀 없었다는 점이다. 이에서 더 나아가 그는 이러한 신탁이 실현되는 것을 피하기 위해 적극적으로 예방적인 행동을 했음에도 자신의 의지와는 상관없이 불가항력적으로 그 자신과 테베의 시민에게 불행을 가져오는 결과를 야기 시켰다는 점이다. 그렇다면 우리는 이러한 사실을 어떻게 해석해야 할 것인가? 이에 대해 프로이트 자신은 다음과 같이 말한다.

> 그의 운명이 우리들에게 감명을 주는 것은 그것이 또 우리들의 운명일지도 모르며, 우리들이 태어나기 전에 내려진 신탁은 그에 대해서와 마찬가지로 우리들에 대해서도 저주를 내리고 있기 때문이다. 우리의 최초의 성적인 충동을 어머니에게 돌리고 최초의 증오와 폭력적인 욕망을 아버지에게 돌린다는 것은 어쩌면 우리 인간들 모두의 운명인지도 모른다. 우리들이 꾸는 꿈이 이 사실을 뒷받침하고 있다. 오이디푸스 왕은 아버지 라이오스를 살해하고 어머니 이오카스테와 결혼했는데, 이것이야말로 우리들의 소아기의 소망 충족을 보여주는 것일 뿐이다. 그러나 우리들은 오이디푸스 왕에 비하면 다행하다. 정신병자가 아닌 한 우리들은 어머니에 대한 성적 충동으로부터 자유로우며 아버지에 대한 질투심을 잊고 있기 때문이다. [어머니에 대한 성적 충동과 아버지에 대한 폭력적 욕망이라는] 우리의 어릴 적 소망을 모두 달성한 인물[오이디푸스 왕]이 우리 앞에 서 있으나, 우리는 그를 혐오하면서 그로부터 진저리를 치면서 뒷걸음질을 한다. 우리가 이렇게 하는 것은 이런 욕망이 우리를 짓누르기 시작한 순간부터 이러한 욕망을 억압했기 때문이다. 소포클레스는 오이디푸스의 과거를 드러내면서 그가 지은 죄의식을 보여준다. 이렇게 함으로써 소포클레스는 우리로 하여금 우리 자신의 마음 깊숙한 곳에 억압되어 아직도 존재하는 오이디푸스 왕이 가졌던 것과 똑같은 충동을 인정할 것을 강요한다.[1]

---

1) Freud, *The Interpretation of Dreams*, p. 296.

위에 인용한 프로이트 자신의 말은 다른 말로 하면 그가 주장하는 오이디푸스 콤플렉스Oedipus complex 또는 오이디푸스 복합체라고 부르는 개념에 대한 설명이다. 위의 설명에서 드러나는 바와 같이 오이디푸스 콤플렉스란 "양친 중에서 이성異性은 독차지하고 동성同性은 제거하고 싶어하는 욕망을 중심으로 한 광범위한 무의식적인 생각과 감정의 일단"을 지칭하는 개념이다.2) 위에 인용한 프로이트의 말에는 그의 정신분석이론에 대한 핵심 개념들의 씨앗이 모두 들어 있다. 이제 이런 그의 핵심 개념들을 하나하나 살펴보기로 하자.

우리가 우선 살펴봐야 할 것은 무의식에 대한 프로이트의 생각이다. 그의 무의식에 대한 생각은 위의 인용에서 '우리 자신의 마음 깊숙한 곳', '운명', '저주'라는 표현에 의해 드러난다. 무의식이라는 개념은 프로이트가 이를 최초로 발견하고 이를 무의식이라고 부름으로써 그 존재가 드러난 개념이다. 따라서 무의식은 프로이트의 위대한 발견이라고 말하는 것이 타당할 것이다. 이러한 무의식을 프로이트는 운명, 저주, 우리 자신의 마음 깊숙한 곳이라고 부르는 데, 그가 이를 운명이라고 부르는 이유는 개인 자신도 스스로가 가진 무의식을 의식하지 못하기 때문이다. 이는 오이디푸스 왕 자신이 아버지를 죽이고 어머니와 결혼했다는 사실 자체를 모르고 있었다는 사실에서 웅변적으로 증명된다.

무의식은 의식과 대조되는 개념이다. 의식은 우리가 익히 아는 바와 같이 우리의 뜻대로 기억하고 행하는 정신 작용이다. 무의식은 의식과는 대조되는 것으로 무의식은 다음 두 가지로 나누어지는데, 이 둘은 서로 다른 특징을 갖고 있다고 라이크로프트는 지적한다. 그 첫 번째는 묘사적인 무

---

2) Rycroft, p. 118.

의식, 또는 전의식이라고 불리는 것이고, 두 번째 것은 역동적인 무의식이다. 첫 번째 것[묘사적 무의식]은 기억, 정보, 기술 등으로 필요할 때 기억이 쉬운 것들이다. 두 번째 것[역동적 무의식]에는 기억이 또한 포함되며, 그 외에도 공상, 소원 등이 있다. 이 두 번째 무의식은 의식 위로 쉽게 떠오르지 않는 기억을 포함하는데, 이 경우 저항을 제거해야만 기억이 되살아 날 수 있다. 이 두 번째 무의식의 특징으로는 "상호 모순矛盾, 기억의 일차적인 과정[카텍시스의 이동], 무시간성, 그리고 외부적인 현실을 심리적인 실재로의 대체하는 것" 등이 포함된다.[3] 이러한 특징들은 의식이 작용하는 현실 세계에서는 허용되지 않는 특징들이기 때문에 이들의 모습이 드러나기 위해서는 의식, 즉 저항이 제거돼야 한다.

그렇다면 오이디푸스 왕이 자신도 모르는 사이에 자기가 아버지를 죽이고 어머니의 남편이 됐다는 사실을 뒤늦게 깨닫고 스스로의 눈을 찔러 실명하는 이유는 무엇인가? 오이디푸스가 자신의 어머니의 남편이 된 것은 아버지의 법에서 금기시하는 중대한 터부이다. 따라서 그 자신은 스스로가 이런 중대한 금기사항을 어겼다는 사실 자체를 모르고 있었음에도 불구하고 그는 이러한 금기를 어겼기 때문에 제재로부터 자유로울 수는 없다. 따라서 그는 근친상간의 금기를 위반한 대가를 치러야만 한다. 근친상간은 아버지의 법이 시행되는 가부장제에서는 엄격하게 벌하는 금기 사항인데, 이를 어길 경우 범법자는 거세去勢의 위협에 직면하게 된다. 거세란 글자 그대로 해석할 경우 남근男性器을 제거하는 것을 의미하지만, 오이디푸스의 경우에는 그가 근친상간 행위를 의식하고 범한 것이 아니기 때문에, 의식적으로 근친상간의 금기를 위반한 경우와는 다른 처벌을 받을 수밖에

---

3) Rycroft, p. 191.

없다. 그럼에도 불구하고 그는 다른 종류의 거세이기는 하지만 거세를 당하지 않으면 안 된다. 이에 대해 프로이트는 다음과 같이 설명한다.

꿈, 상상, 그리고 신화에 대한 연구 결과 눈에 대한 불안, 즉 실명에 대한 공포는 거세에 대한 공포에 다름이 아님이 밝혀졌다. 신화에 나오는 죄인인 오이디푸스가 스스로 눈을 찔러 실명하게 된 것은 완화된 거세 징벌일 뿐이다. 이것은 복수의 법에 의해 그가 마땅히 받아야 하는 유일한 벌인 셈이다.[4]

이런 관점에서 볼 때, 오이디푸스가 스스로 눈을 찔러 실명하는 것은 곧 그가 상징적으로 스스로를 거세했음을 의미한다.

4. 소포클레스는 『오이디푸스 왕』에서 프로이트 이전에 이미 정신분석을 행한 것이다

소포클레스는 고대 그리스의 위대한 극작가 중의 하나이기도 하지만, 이 희곡이 보여주는 것은 오이디푸스에 대해 정신분석적 해석을 제시했다는 사실이다. 이에 대해 프로이트는 다음과 같이 말한다.

이제 여러분들은 이 무시무시한 오이디푸스 콤플렉스가 어떻게 구성돼 있는지를 알려고 조바심하면서 기다리고 있을 것이다. 오이디푸스라는 이름만 들어도 여러분들은 그것을 금방 알아차릴 수 있다. 자신의 아버지를 죽이고 어머니와 결혼할 운명을 타고 난 오이디푸스 왕을 여러분은 모두 알고 있다. 그는 신탁이 예언한 운명을 자신의 모든 힘을 기울여 막아 보려 했지

---

4) Freud, "The Uncanny," p. 352.

만, 결국 그는 자신도 모르는 사이에 아버지를 죽이고 어머니와 결혼했다는 사실을 알고는 스스로를 벌주기 위해 눈을 찔러 장님이 된다. 여러분 중에 많은 사람들은 이런 오이디푸스의 전설에 기초하여 소포클레스가 쓴 비극을 읽고 대단히 충격적인 경험을 했으리라고 생각한다. 소포클레스의 이 희곡은 오이디푸스가 오래 전에 저지른 행동을 서서히 묘사한다. 이렇게 함으로써 그는 계속적으로 새로운 증거를 제시하면서 오래 지속되는 조사과정을 통해 이 사건을 천천히 밝힌다. 따라서 이 같은 조사 과정은 정신분석의 과정과 어느 정도 유사점이 있다. 대화를 통해 환멸을 느낀 어머니-아내인 이오카스테는 이 조사가 계속 되는 것에 저항한다. 그녀는 많은 사람들이 자신들의 어머니와 성적인 관계를 맺는 꿈을 꾼다고 말하면서, 이러한 꿈들은 대수로운 것이 아니라는 사실을 지적한다. 그러나 우리[정신분석가]들에게 꿈, 특히 많은 사람들이 꾸는 전형적인 꿈은 대단히 중요한 의미가 있다. 이오카스테가 말하는 꿈은 끔찍한 오이디푸스 신화와 아주 긴밀한 연관성이 있다.

오이디푸스의 비극이 관객들로 하여금 격렬한 비난을 야기하지 않는 것은 놀라운 일이다. [중략]. 왜냐하면 이 희곡은 근본적으로 부도덕한 작품이기 때문이다. 이 작품에서는 사회적인 규범에 대한 개인의 책임은 논외로 한다. 그 대신 신들이 범죄를 명령하기 때문에 범죄를 막아야 할 인간의 도덕적인 본능을 마비시킨다. 따라서 운명과 신들을 향한 비난이 이 신화에서 의도된 것이라고 믿기가 쉽다. 신에게 고분고분하지 않았던 비판적인 에우리피데스가 이 작품을 썼다면 아마도 그렇게 했을 것이다. 그러나 소포클레스는 신에게 반항하는 인물이 아니었기 때문에 신의 의도에 대해 의문을 제기하지는 않는다. 소포클레스는 신에 대해 경건한 태도를 가졌기 때문에 신의 의도를 따르는 것이 가장 높은 경지의 도덕심이라고 선언한다. 비록 신이 범죄를 명령하는 경우에라도 이 같은 소포클레스의 자세는 그가 비난의 표적이 되는 것을 방지해 준다. 나는 이러한 도덕심이 이 희곡의 덕목 중의 하나라고 생각하지는 않지만, 그렇다고 해서 이러한 도덕심이 이 희곡의 효과를 감소시키지도 않는다. 이러한 도덕심은 관객/독자로 하여금 무덤덤하게 만든다. 그는 이러한 도덕심에 반응하는 것이 아니라 이 신화의 비밀스런 의미와 내용에 반응하기 때문이다. 관객/독자는 스스로의 정신분석을 통해 자신도 무의식의 깊숙한 곳에 존재하는 오이디푸스 콤플렉스를 발견한 것처럼 반응한다. 그렇게 반응함으로써 그는 신의 의지와 신탁이 자기 자신의 무의식의 영광스런 위장이라고 생각한다. 관객은 그 자신이 자기 아버지를 죽이고 아버지 대신에 자신의 어머니와 결혼하고 싶은 욕망을 갖고 있기라고 했던 것처럼 기억하면서 이러한 생각을 혐오하게 된다. 소포클레스가 쓴 이 희곡의 대사를 들으면서 관객은 이런 생각이 든다: "내가 아무리 이죄에 대해 책임이 없다고 주장해도 그것은 헛된 일이야. 내가 아무리 이 죄를 범하지 않으려고 발버둥을 쳤다고 항변해도 헛된 일이야. 나는 어쨌든지간에 죄를 지었어. 왜냐하면 나는 이런 충동을 마음속에서 제거할 수 없었으니까. 이런 생각들이 아직도 내 무의식 속에 남아 있는 걸." 심리적인 진실은 다음과 같은 사실 속에 숨겨져 있다. 즉, 인간이 아무리 자신의 사악한 욕망을 무의식 속으로 밀어 넣고 그 자신은 이러한 욕망에 대해 아무런 책임이 없다고 스스로에게 기꺼이 말한다 해도, 그는 자신이 이유도 알지 못하는 죄책감에 대해 책임을 느끼고 있다는 사실을.[5]

연극의 장르 중 사이코드라마라는 장르가 있다. 사이코드라마에서는 "개인이 치료사 앞에서 어떤 역할이나 사건을 드러내는 심리 치료 기법"이다.[6] 이런 사이코드라마 중에서 가족 사이코드라마는 다루기 힘든 가족 문제를 드러내는 연극인데, 『오이디푸스 왕』은 바로 이런 종류의 연극인 셈이다. 더구나 근친상간에 대한 욕망이 인간의 근원적인 욕망 중의 하나이고, 이에 대한 제재가 거세의 위협으로 상존한다는 사실을 인정할 경우, 이 연극의 주요 대상은 바로 관객 자신들인 셈이다. 따라서 우리는 이 연극을 읽거나 관람함으로써 우리 자신이 드러내지 못하고 감추고 있던 근친상간의 욕망이 표출되는 것을 봄으로써, 아리스토텔레스가 말하는 감정

---

5) Freud, *A General Introduction to Psychoanalysis*, pp. 290-291.
6) Reber, p. 614.

의 정화淨化 카타르시스를 느끼게 된다. 이러한 이야기가 고대 그리스의 신화로 전해 내려온다는 사실은 이러한 욕망의 뿌리가 얼마나 깊은지를 가늠케 하는 계기가 될 뿐만 아니라, 이를 소재로 하여 희곡을 쓴 소포클레스 또한 인류의 문학 사상 탁월한 극작가 중의 하나라는 사실을 상기할 필요가 있다.

5. 오이디푸스 콤플렉스에 대한 또 다른 해석

프로이트가 오이디푸스 왕에 대한 전설을 원용하여 자신의 이론을 전개한 것은 그 설명 모델이 명쾌하다는 측면에서 대단한 설득력을 획득할 수 있다는 장점이 있었다. 프로이트의 이러한 전략(?)은 그가 창시한 정신분석학 이론이 그 설명 틀에 있어 인간의 성욕의 중요성을 강조했기 때문에 초창기에는 대단히 외설스럽고 혐오스럽게 느끼는 사람들이 많았다. 이러한 이유 때문에 정신분석학이 불러일으킨 저항과 오해를 극복하는데 오이디푸스 신화는 큰 몫을 한 것이 사실이다. 그럼에도 불구하고 이러한 설명 모델은 그것이 내재적으로 가지는 지나친 단순화라는 약점을 노정함으로써 정신분석학 이론의 미묘한 부분을 설명하는 데에 역부족인 느낌을 초래하게 된다. 그 하나의 예를 든다면, 프로이트는 오이디푸스콤플렉스가 인간의 보편적이고 원초적인 본능이라고 생각하고 있었다. 호오니K. Horney 등의 연구에 의하면 "이것은[오이디푸스 콤플렉스는] 정상적인 것도 아니고 또 범인류적인 것도 아니라"7)고 주장한다. 또한 많은 문화 인류학자들은 "이런 복합체complex가 일어나지 않는 문화권도 많다고 주장한다."8) 또한 프로

---

7) 이병윤 299쪽.

이트가 제시한 오이디푸스 콤플렉스의 생물학적인 측면에 대해 이의가 제기되기도 한다. 프로이트는 인간의 원초적인 본능을 설명하는 과정에서 남자 아이의 자신의 남근에 대한 인식이 그의 성정체성을 형성하는데 중요하다는 사실을 강조한다. 프로이트에 따르면 어린 아이는 처음에는 어머니가 남근을 가진 것으로 생각하고 있다. 그러나 그는 어머니가 남근을 갖지 않고 있음을 알고 자신이 어머니의 결핍된 남근을 대체할 수 있다고 생각하게 된다. 이러한 남자 아이의 인식은 그가 어머니와 자신을 동일시 할 경우 그도 어머니처럼 남근을 상실할 것에 대해 거세 공포를 가지게 되어 이러한 거세 공포가 아버지와 자신을 동일시하는 계기가 된다고 주장한다. 한 편, 남근이 처음부터 결여된 여자 아이는 남근 선망penis envy을 하게 된다고 설명한다.

그러나 프로이트 이후에 나타난 정신분석이론은 프로이트의 이 같이 지나치게 단순화된 설명 모델에 이의를 제기한다. 그 중에서 가장 대표적인 인물이 프랑스의 정신분석학자인 라캉1901-1981이다. 그는 남자 아이가 양친과 가지는 관계에 대해 다음과 같이 설명한다. 남자 아이가 어릴 때에는 그에게 있어 어머니는 세상의 모든 것이다. 어머니가 이처럼 중요한 이유는 어린 아이는 아직 어리기 때문에 어머니에게 의존하지 않으면 세상에서 삶을 영위할 수 없기 때문이다. 이처럼 남자 아이와 어머니가 밀접한 관계를 유지하는 시기를 그는 상상계라고 부른다. 그러나 어린 남자 아이는 언제까지나 어머니와의 이런 관계를 유지할 수는 없다. 세상은 아버지의 법에 의해 작동하므로 아버지의 이름이 중요하기 때문이다. 따라서 어린 남자 아이는 아버지의 법이 지배하는 체제에 편입돼야 한다. 이러한 아

8) 이병윤 299쪽.

버지의 법이 지배하는 단계를 라캉은 상징계라 부른다. 이런 상징계에 진입하기 위해서는 어린 남자 아이는 상징계의 법인 언어 체계 속으로 들어가야 한다. 그러나 언어 속으로 편입되는 것은 곧 어머니로부터의 유리이며 소외를 의미한다. 따라서 어린 남자 아이가 상징계로 편입되는 순간 그는 어머니와의 밀접하던 관계를 매개하던 모든 것과 작별해야만 한다. 이러한 것들의 예로는 어머니의 젖가슴이 대표적인 것인데, 어린 남자 아이가 상징계에 진입하는 때부터 그는 어머니의 젖가슴으로부터는 영원히 결별해야만 한다. 그러나 어머니의 젖가슴은 남자 아이에게는 영원히 그리움의 대상이 된다. 남자 아이가 성장하여 어른이 되면 이런 그리움의 대상들은 그에게는 성적 희열을 불러일으키는 대상이 된다. 이런 그리움의 대상들을 라캉은 <대상 소문자 a>*objet petit a*라고 부르는데, 이들은 젖가슴, 대변, (상상적인 대상으로서의) 팰러스, 그리고 오줌 줄기 등이 있다.[9] <대상 소문자 a>의 목록 중에서 젖가슴이 제일 먼저 오는 이유는 바로 여기에 있다. 이러한 라캉의 이론에 따르면 오이디푸스가 어머니와 결혼하게 된 것은 그의 무의식 속에 있는 <대상 소문자 a>에 대한 욕망을 충족시키기 위함이라고 말할 수 있다. 그러나 그의 이러한 욕망은 그가 성인으로서 상징계에 편입돼 있는 한에 있어서는 충족이 불가능하다. 그가 본의는 아니지만 결과적으로 어머니와 결혼했다는 사실을 아는 순간, 오이디푸스는 자신의 눈을 찔러 실명하게 되는데, 이는 어머니와의 결합과 상징계의 편입이라는 두 개의 선택은 서로 배타적이라는 사실을 의미한다. 다시 말하면, 이는 이둘 중 하나는 택할 수 있어도 두 가지를 동시에 가질 수 없다는 것을 의미한다. 따라서 오이디푸스가 자해하는 것은 이 같은 사실을 드러내

---

9) Lacan, *Écrits: A Selection*, p. 315.

는 것이다.

　라캉의 남근에 대한 생각 또한 프로이트의 생각과는 다르다. 프로이트가 남근을 근본적으로 생물학적인 관점에서만 본 것과는 달리 라캉은 이를 상징적으로 해석한다. 우선 프로이트가 남근을 나타내는 용어로 생물학적인 용어인 penis를 쓴 것과는 대조적으로 라캉은 phallus라는 용어로 남근을 나타낸다. 라캉이 쓴 phallus라는 용어에는 생물학적인 남근이라는 의미가 전혀 없는 것은 아니지만, 그보다는 이 단어는 상징적인 의미에서의 남근을 의미한다. 예를 들면 하버드 대학교의 최초의 여성 총장이 된 파우스트Faust 박사는 생물학적인 의미에서의 남근을 가지고 있지는 않을지 모르나, 그녀는 상징적인 의미의 남근인 phallus를 가지고 있다고 봐야 할 것이다. 라캉이 말하는 phallus는 따라서 완전하고 절대적인 남성적 권위를 의미하기보다는 단지 하나의 으뜸 기표일 뿐이다. 왜냐하면 라캉은 의미 형성에서 기의가 우위를 차지한다고 보지 않고 기표가 기의보다 우위에 있다고 보기 때문이다. 이렇게 볼 때 오이디푸스의 비극은 그가 살던 시대가 기표보다는 기의에 우위를 두는 경직된 사회였다는 사실에 기인한다. 그렇기 때문에 오이디푸스는 이러한 사회적인 환경에 영향을 받아 경직된 사고방식을 가지고 있었다는 점이 문제가 될 수 있다. 어느 개인에게 있어 유죄냐 무죄냐를 결정하는 중요한 잣대는 그가 어떤 범죄를 범함에 있어 고의적으로 했느냐 그렇지 않으냐 인데, 오이디푸스가 한 행동에는 그의 고의가 전혀 없기 때문에 그는 어느 의미에서 보면 아무런 책임이 없는 셈이다. 그러나 이런 결론을 내릴 경우 이 희곡은 비극성을 상실하기 때문에 우리의 이런 읽기는 사실상 설득력을 얻을 수 없다고 말할 수 있다.

　우리가 언뜻 생각하면 오이디푸스 콤플렉스라는 개념은 아무 의미가 없는 구세대적인 생각이라고 라캉이 생각한 것은 아닌가 하는 짐작을 할수 있을지 모른다. 그러나 사실은 그렇지 않다. 라캉이 그의 이론에서 생물학적인 남근(페니스)을 상징적인 남근(팰러스)으로 대체했음에도 불구하고 오이디푸스 콤플렉스라는 개념은 아직도 유효하기 때문이다. 그 이유는 아주 간단하다. 정신분석이론에서 아주 중요한 자리를 차지하는 신경증을 설명하기 위해서는 오이디푸스 콤플렉스라는 개념의 설정은 필수 불가결하기 때문이다. 이에 대해 에번스는 "오이디푸스[콤플렉스]가 없는 신경증이란 존재하지 않는다"[10]라고 단호히 주장한다. 이는 "오이디푸스 콤플렉스는 실재계의 인간화된 구조에 순응할 수 있는 인간 존재에게는 필수적이다"라는 라캉의 주장과 맥을 같이 한다.[11] 그렇다면 왜 이런 주장이 가능할까?

우선 아버지는 팰러스라는 으뜸 기표를 지칭한다. 따라서 주체들은 팰러스를 소유하기 위해 경쟁하지 않으면 안 된다. 그러나 팰러스는 상징적인 기표이기 때문에 아무도 가질 수는 없다. 어린 아이는 오이디푸스 전 단계에서는 어머니와 2자적二者的인 관계를 맺는다. 그러나 이러한 이자적인 관계도 상상적인 팰러스의 매개가 없으면 불가능하기 때문에 팰러스의 역할은 중요하다. 어린 아이는 처음에는 어머니가 팰러스를 가진 것으로 상상한다. 그러나 그는 곧 어머니가 팰러스를 가지지 않고 있음을 안다. 어린 아이 또한 팰러스가 없다. 이러한 팰러스의 결핍은 상상적인 팰러스에 의해 중재된다. 즉, 팰러스의 개입으로 인해 [어머니-아이]라는 이자 관계가 [어머니-아이-상상적 팰러스]라는 3자관계를 형성하게 된다. 이런 관계가 상상계에서의 가족 관계이다. 상징계에서는 어떤 관계가 형성될까? 여기서

---

10) Evans, p. 129.
11) Lacan, *The Seminar. Book III*, p. 198.

도 상상계에서 형성된 삼자관계는 그대로 유지된다. 다만 팰러스를 가진 아버지가 나타났다는 차이점만 다를 뿐이다. 따라서 상상계에서의 가족관계는 [어머니-아이-아버지]가 된다. 여기서 아버지는 곧 팰러스를 가진 존재이기 때문에 이런 관계는 [어머니-아이-팰러스]라고 바꿔 쓸 수도 있다. 그렇지 않고 아버지와 팰러스를 동시에 보여주려면 [어머니-아이-아버지-팰러스]라는 4자 관계로 표시할 수도 있다.

라캉이 이처럼 프로이트의 오이디푸스 콤플렉스에 대한 개념을 수정하는 동안 그는 또 다른 중요한 사실을 발견한다. 그는 프로이트의 오이디푸스 신화와 그의 다른 신화의 해석을 비교하는 과정에서 "『토템과 터부』의 신화는 구조적으로 오이디푸스 신화와 대립된다는 사실"을 발견한 것이다.[12] 오이디푸스 신화는 아들과 어머니와의 성적인 관계를 허락한 반면, 『토템과 터부』의 신화는 이와는 반대로 아들들이 아버지를 살해한 후에도 이들이 아버지가 독점하던 여자들을 차지하게 허락한 것이 아니라 오히려 근친상간을 허락하지 않고 이를 금지하는 법만 강화된다. 라캉은 "[아버지의] 살해로 인해 장애가 제거되긴 했으나 [아들과 어머니와의 성적 결합에 의한] 주이상스는 아직도 여전히 금지된다. 그뿐만 아니라 이러한 금지는 더욱더 강화된다"고 말한다.[13] 여기서 우리가 생각할 수 있는 것은 오이디푸스 신화와 터부(금기) 신화의 차이이다. 오이디푸스 신화에서는 어머니와의 성적 결합이 금지되어 있기는 하지만 불가능한 것은 아님을 보여준다. 따라서 오이디푸스 콤플렉스에서의 어머니와의 성적 주이상스의 금지는 주이상스의 불가능성을 숨겨주고 있는 셈이다. 그러므로 오이디푸스 신화에서의 금지는 신경증 환자에게 이러한 주이상스를 금지하는 법이 없다

---

12) Evans, p. 130.
13) Lacan, *The Seminar. Book VII*, p. 176.

면 주이상스는 가능할 것이라는 신경증적 환상을 지속시키는 셈이다. 그러나 터부 신화는 이런 어머니와의 성적 결합 자체가 불가능함을 보여준다. 이렇게 볼 때 오이디푸스 왕은 신경증 환자의 증상을 보여준다고 말할 수 있다.

6. 나가는 말

오이디푸스 신화는 인간의 금기 중의 하나인 근친상간의 주제를 다룬 대단히 중요한 담론이다. 프로이트는 이런 신화를 하나의 참조틀로 원용하여 자신이 주장하는 오이디푸스 콤플렉스라는 개념을 설명한다. 오이디푸스 콤플렉스는 어머니와 남자 아이 사이의 성적인 관계에 대한 시각을 근본적으로 재정립함으로써 정신분석에서 아주 중요한 위치를 차지하는 신경증에 대한 이해를 증진시키는 데 많은 기여를 했다. 라캉은 이러한 프로이트의 이론에서 중요한 자리를 차지하는 생물학적인 남근이라는 개념 대신에 으뜸 기표로서의 팰러스를 설정함으로써 프로이트의 생물학적인 접근으로부터 탈피하여 기호학적인 접근법을 채용한다. 이 경우 우리의 관심사는 프로이트가 주장한 오이디푸스 콤플렉스라는 개념의 용도 폐기 여부의 가능성이다. 언뜻 생각하면 프로이트의 이러한 콤플렉스에 대한 개념 설정은 때 지난 것처럼 보인다. 그러나 라캉은 그렇지 않다고 주장한다. 그가 이렇게 주장하는 가장 강력한 이유는 오이디푸스 콤플렉스에 대한 가설만이 신경증을 이해할 수 있는 가장 유효한 도구이기 때문이다. 라캉은 오이디푸스 콤플렉스를 폐기하는 대신 이를 터부와 대비시킴으로써 오히려 터부가 오이디푸스 콤플렉스보다 더 강력한 근친상간 금지법을 설정한 것이

라고 주장한다. 오이디푸스 신화에서는 어머니와의 성적 관계에 의한 주이
상스가 금지되어 있으나 불가능한 것이 아님을 보여준다. 따라서 오이디푸
스 콤플렉스에서의 주이상스의 금지는 주이상스의 불가능성을 숨겨 주는
이중적인 의미를 가지고 있다. 그러나 터부에서는 이러한 주이상스 자체가
전혀 불가능하기 때문에 이를 아예 생각조차 하지 말 것을 법으로 공포한
다. 이러한 금기를 어길 경우 생존이 불가능하기 때문이다. 이렇게 볼 때
근친상간의 금기를 다룬 오이디푸스 신화를 문학 작품으로 남겨 놓은 소
포클레스는 프로이트가 등장하기 전에 이미 정신분석을 행한 위대한 정신
분석가인 셈이다.

2
·········

리어 왕의 근친상간 욕망 읽기

1. 시작하는 말

우리가 잘 아는 바와 같이 셰익스피어의 작품 중에서 『햄릿』은 해석하기
가 아주 힘든 희곡이다. 이처럼 해석하기에 난해한 작품으로 블룸은 또한
"『햄릿』과 더불어 『리어 왕』은 궁극적으로 해석이 불가능하다"[1]고 지적하
면서 이 희곡을 난해한 작품으로 꼽고 있다. 같은 맥락에서 블렉크너 또
한 『리어 왕』을 "그[셰익스피어]의 가장 훌륭하지만 가장 문제적인 희곡"
이라고 보고 있다.[2] 블룸이 『리어 왕』을 난해한 작품으로 보는 이유는
"『리어 왕』과 『햄릿』은 인간의 본성과 운명의 처음과 끝을 보여주기 때
문"[3]이라고 말한다. 블룸이 말하는 인간의 본성과 운명이 무엇인지는 정

---

1) Bloom, p 476.
2) Blechner, p. 309.

확하지 않지만, 『햄릿』의 해석에서 정신분석이 아주 중요한 역할을 했다는 사실을 염두에 둔다면, 『리어 왕』의 해석에서도 정신분석이론이 아주 중요한 참고 틀을 제공할 것으로 가정한다고 해도 큰 잘못은 아닐 것이다. 『햄릿』의 미스테리를 푸는 데 있어 햄릿이 어머니에 대해 가지고 있는 근친상간적인 욕망이 커다란 요인이 되었듯이, 『리어 왕』을 읽는 데 있어서 리어의 근친상간 욕망이 중요한 요소이기 때문이다. 인간을 인간이게 하는 것은 그가 가지고 있는 정신 작용이며, 이러한 정신 작용을 설명 할 수 있는 가장 유용한 접근법이 정신분석에 의해 제공된다는 사실을 상기한다면, 이러한 우리의 가정은 결코 잘못된 것이 아니다. 리어 왕이 노년에 자신의 왕국을 분할하여 세 딸들에게 주면서, 그 반대급부로 이들로부터 애정을 약속 받고자 한 것이 그의 불행의 시초가 된다. 그러나 그의 큰 딸 둘은 그에게 과장되고 마음에도 없는 애정을 서약했음에도 불구하고 그의 막내 딸은 애정 서약 자체를 거부한다. 이에 리어 왕은 코딜리어에게 대노하게 되고 그의 불행은 이에서 시작된다. 그렇다면 우리는 리어 왕이 이처럼 어처구니없는 요구를 한 것은 그가 노망해서 정신이 혼미해 그런 것인가 그렇지 않으면 그가 제 정신인데도 그렇게 한 것인가 하는 의문을 품지 않을 수 없다. 따라서 필자는 이 글에서 리어의 이 같은 이해하기 어려운 측면들을 정신분석학적인 측면에서 살펴보기로 하자.

2. 『리어 왕』의 밑 텍스트로서의 리어의 근친상간 욕망

『햄릿』의 미스테리가 죽은 햄릿 왕의 유령이 이 극의 처음에 등장함으로

---

3) Bloom, p. 476.

써 시작되듯이, 『리어 왕』의 미스테리 또한 이 희곡의 처음에 그 씨앗이 이미 뿌려져 있다. 그것은 리어 왕이 세 딸들로부터 애정 서약을 받고 그 대가로 자신의 왕국을 분할하겠다는 이 극의 처음에 이 극의 미스테리가 시작됨과 동시에 그 해답이 들어 있기 때문이다. 대개의 경우 미스테리는 그 자체 안에 해답을 품고 있다. 따라서 우리가 이 희곡의 시작에서 이 작품의 의문점의 실마리를 찾는 것은 아주 당연하다.

이 희곡의 처음에서 리어 왕은 자신의 왕국을 삼분하여 딸들에게 줄 것임을 다음과 같이 선언한다.

> 저기 있는 지도를 가져 오너라. 알다시피 짐은
> 국토를 삼분하였다. 이제 짐은 늙은 몸에서 모든 근심 걱정들과 국사를
> 떨쳐 버리고 보다 젊고 능력 있는 사람들에게 넘겨주고
> 근심 없는 홀가분한 몸으로 죽을 때까지
> 목숨을 이어가는 것이 짐의 확고한 뜻이다.
> [중략]
> 나의 딸들아, 말해 보아라.
> [중략]
> 너희들 중 누가 나를 가장 많이 사랑하는가 묻고자 한다.(1.1.37-50)[4]

이 같은 리어 왕의 물음에 맏딸인 고너릴은 다음과 같이 말한다.

> 아버님, 저는 아버님을 사랑합니다. 말로는 표현할 수 없을 만큼
> 시력, 공간, 자유보다 더 사랑하옵고,
> 값지거나 희귀하다고 해서 소중히 여기는 그 무엇보다도
> 더 사랑하옵고, 우아하고, 건전하고, 명예로운

---

4) Shakespeare, *King Lear*, pp. 5-6.

삶 못지않게 사랑하옵니다. (1.1.54-58)

이 같은 고너릴의 말을 듣고 둘째 딸 리건도 "저는 언니와 꼭 같은 심성을 갖고 있습니다"(1.1.69)라고 말한다.

막내딸인 코딜리어가 말할 차례가 되자 그녀는 "말할 것이 하나도 없어요"(1.1.87)라고 잘라 말한다. 그러면서 그녀는 자신의 이 같은 말에 대해 다음과 같이 보충 설명한다.

> 저는 폐하를 자식의 도리에 따라서 사랑하옵니다.
> 그보다도 더도 아니요, 그보다도 적게도 아니옵니다. (1.1.92-93)

라고 말하면서 좀더 부연 설명한다.

> 아버지께 복종하고, 아버님을 사랑하고, 아버님을 지극히 공경합니다.
> 언니들이 아버님만을 사랑한다고 말을 하는 데,
> 그렇다면 언니들은 어째서 결혼을 했는가요?
> 제가 결혼하면 저의 사랑의 맹세를 받은 제 남편은
> 저의 사랑, 저의 걱정, 저의 의무의 반을 가져가게 될 것입니다.
> 전 분명히 아버님만을 사랑하기 위한 것이라면 언니들이 한 것 같은
> 그런 결혼은 않겠지요. (1.1.98-103)

이 같은 코딜리어의 말을 듣고 리어는 대단히 당황하고 실망하여 그녀에게 "이 말이 진정이냐?"고 반문한다. 그러나 코딜리어는 자신이 처음에 가졌던 입장에서 물러서지 않고 "네, 그래요, 아버님"이라고 대답한다. 이 같은 코딜리어의 대답을 듣고 리어는 "아주 어린 것이 매우 쌀쌀하구나"라고 하면서, "그러면 너의 진실을 너의 혼수 감으로 해 주마"(1.1.108)라고

말하면서 코딜리어에게는 그의 영토를 주지 않는다.

이 같은 시작은 우리에게 여러 가지 해석의 실마리를 제공한다. 우선 리어는 코딜리어에게 특별한 애정을 가지고 있었다는 사실이다. 그의 두 딸들은 이미 결혼했지만, 코딜리어만은 아직 미혼 상태여서 그녀와 결혼하고자 하는 지원자가 이미 둘이 나타난 상태였다. 그럼에도 불구하고 리어는 코딜리어를 "나의 기쁨"(1.1.82)이라고 부르는 것에서 드러나듯이 그녀를 편애한다. 그러나 리어의 코딜리어에 대한 이 같은 편애는 단지 아버지가 딸에게 갖는 애정 이상의 것임을 이해할 필요가 있다.

우선 "리어"라는 이름이 가지는 의미를 보기로 하자. 셰익스피어가 쓴 『리어 왕』은 본래는 『레어 왕』*King Leir*이라는 작품에 기초하여 개작改作한 것이다. 이러는 과정에서 <레어>는 <리어>Lear가 되었다. 그런데 <리어>라는 이름은 이것과 발음이 같은 <leer>라는 단어를 연상시킨다는 사실을 쉽게 간과할 수 없다. <leer>는 "강렬하고 음탕하며 정숙하지 못한 응시凝視"5)를 의미한다는 사실을 염두에 둔다면, 셰익스피어가 <레어>를 <리어>로 바꾸는 과정에서 그는 본래의 <레어>라는 이름을 음탕한 눈길을 의미하는 <리어>로 바꾼 셈이다. 그것이 그 자신이 의도한 바이던 아니던 간에 이러한 이름의 변화는 곧 셰익스피어 자신의 무의식에 있던 의도를 드러낸 것으로 볼 수 있다. 이 같은 셰익스피어의 무의식적인 의도는 이에서 그치지 않는다. 리어가 "나의 기쁨"(1.1.82)이라고 부르는 코딜리어라는 이름에서는 리어의 이 같은 근친상간의 욕망이 더 노골적으로 드러난다. 코딜리어Cordelia를 분석해 보면 <Cor de lia>가 되는 데, 이는 프랑스어로 "리어Lear의 심장, 리어의 사랑"6)이라는 의미가 된다. 그렇다면 코딜리

---

5) Blechner, p. 317.
6) Blechner, p. 317.

어는 곧 리어의 연인이 되는 셈이다.

　리어가 코딜리어에게 근친상간 욕망을 가지고 있다는 증거는 그가 그녀의 말을 듣고 보인 격렬한 반응에서 분명히 드러난다. 그는 자신의 실망을 켄트에게 토로하면서 코딜리어에게 가졌던 자신의 희망을 드러낸다.

> 나는 그 애를 사랑하였고, 나의 여생을 따뜻한
> 그 애의 간호 하에 맡기려고 생각했었소. (1.1.123-4)

이런 리어의 말에서 우리가 유추할 수 있는 것은 그가 코딜리어를 단지 딸로만 본 것이 아니라 자신의 아내처럼 생각했음을 알 수 있다. 이러한 사실은 이 희곡에는 리어의 아내가 오직 한 번만 언급되는데, 그것도 단지 간통한 여자(2.4.133)로서만 언급된다는 사실에서 알 수 있다. 리어의 아내는 간통한 여인이었기 때문에 그는 그녀와 이혼했으며, 혼자 쓸쓸히 살면서 늙게 되었다. 이러는 과정에서 그는 인생의 외로움을 경험하게 되고, 딸들에게 심리적으로 의지하려는 경향을 갖게 되었다. 이러한 경향은 그가 늙어 가면서 더욱 더 심화됐는데, 이는 사람이 늙으면서 어린애의 심리 상태로 퇴행이 가속화되는 것과 무관하지 않다.

　리어의 코딜리어에 대한 근친상간 욕망은 이에서 그치지 않는다. 코딜리어에게는 두 명의 예비 신랑 후보가 있는데, 어찌 된 영문인지 리어는 이 신랑 후보들로 하여금 코딜리어와의 결혼이 성사되지 못하도록 방해한다는 의구심을 지울 수 없게 한다. 이 같은 리어의 태도는 프랑스 왕에게는 대단히 혼란스럽게 느껴졌다. 그가 코딜리어와 결혼하기 위해 먼 길을 왔는데, 대개의 경우라면 아버지인 리어가 그와 코딜리어와의 결혼이 성사되도록 적극적으로 도와주는 것이 당연한 일일 것이다. 그러나 실제로는 그렇지 않기 때문에 그는 당혹스러움을 느끼지 않을 수 없다. 그는 이 같은 자신의 심경을 리어에게 이렇게 토로한다.

> 이것은 지극히 이상한 일이옵니다.
> 바로 조금 전만 하더라도 당신께서 가장 사랑하셨고,
> 칭찬의 주제가 되었으며, 당신 노년의 위안으로서
> 가장 훌륭하고 가장 사랑을 많이 받았던 그 분이 순식간에
> 해괴망측한 짓을 범하여 당신의 수많은 갈래로 짜여진
> 사랑을 박탈당하니 말씀입니다. 분명 공주님의 범죄는
> 인륜에 벗어나서 괴물만이 저지를 수 있는 종류의
> 범죄임에 틀림없습니다. 그렇지 않다면 당신께서
> 앞서 맹세한 그 사랑이 의심스러워지지요.
> 공주님이 그와 같은 짓을 범했다는 믿음이 기적 없이
> 단순한 이성만으로 제 마음 속에 자리 잡도록 할 수는
> 결코 없습니다. (1.1.213-223)

프랑스 왕이 이처럼 당혹스러워 하는 것은 리어가 코딜리어를 단지 딸로만 여긴다고 생각했기 때문에 느끼는 당혹감이다. 그러나 리어는 코딜리어를 단지 딸로만 여기는 것이 아니라 근친상간 욕망의 대상으로 여긴다는 사실에 문제의 핵심이 있는 셈이다.

이 같은 우리의 추측은 단지 추측의 차원에만 머무는 것이 아니다. 『리어 왕』이 독일어로 번역되는 과정에서 일어난 사건은 우리에게 시사하는 바가 많다. 19세기 독일에서 슈뢰더라는 연극 감독이 이 작품을 상연하면서 1막 1장을 빼고 무대에 올려놓은 일이 있었다. 그가 이렇게 한 것은 이 극의 처음에 묘사된 리어 왕의 행동이 도저히 이성적으로 납득이 가지 않을 정도로 엉뚱한 것이기 때문이었다. 그는 리어가 하는 행동이 근친상간

의 욕망의 표출이라고는 상상도 하지 못한 것이었다. 슈뢰더가 한 이 같은 행동에 대해 괴테가 쓴 다음과 같은 글은 우리가 이 희곡의 처음 장면을 이해하는 데에 커다란 도움이 된다. 그는 이에 대해 다음과 같이 말한다.

> 따라서 그[슈뢰더]가 『리어 왕』의 1막 1장을 빼버림으로써 이 극의 성격을 바꿨다는 것은 사실이다. 그러나 그가 이렇게 한 것은 잘 한 일이다. 이 장면에서 리어는 대단히 비이성적으로 행동하기 때문에 관객이 이 연극의 나머지 부분을 보면서 그의 딸들의 행동이 전적으로 납득이 안 되는 것이라고는 느낄 수 없기 때문이다. 리어는 이 연극 내내 이런 행동을 계속하지만, 관객은 그와 공감할 수가 없다. 그래서 슈뢰더는 관객이 리어의 딸들에게 공감하면서 그들을 혐오하게 하고자 한 것이다. 이 딸들은 분명 인륜에 어긋나는 행동을 하고 있긴 하지만, 그렇다고 해서 그들의 행동이 완전히 타기唾棄할만한 것이라고는 말할 수 없다. 이는 셰익스피어가 『리어 왕』을 쓸 때 원용했던 텍스트인 『레어 왕』에 나오는 첫 장면이 극이 전개되면서 진전을 매끄럽게 해준다는 사실을 상기한다면 이[이 두 희곡의 처음 장면이 드러내는 차이]는 대단히 의미심장한 것이라고 말할 수 있다.[7]

괴테의 이런 지적은 슈뢰더가 이 희곡의 첫 장면을 빼고 무대에 올린 것이 이해할 수 있는 것으로 양해하고 있지만, 그렇다고 해서 그가 이를 완전히 용납한 것은 아니다. 이 희곡의 첫 장면에는 『리어 왕』에서 핵심이 되는 요소들이 포함돼 있기 때문에, 이를 뺄 경우 연극의 전개는 순조로울 수 있다. 그러나 첫 장면을 그대로 둘 경우 리어의 행동은 대단히 난해하고 비이성적으로 보이지만, 그렇다고 하더라도 우리는 셰익스피어가 이 작품을 왜 이처럼 난해하게 만들었는가를 생각해 보고, 그 이유를 리어의 심리에서 찾으려고 노력하게 된다.

---

7) Blechner, pp. 309-10에서 재인용.

3. 리어의 〈대상 소문자 a〉로서의 코딜리어

리어는 가부장제의 산물이다. 가부장제란 글자 그대로 아버지가 지배하는 사회제도로, 이는 다른 말로 하면 남성 중심주의라는 이데올로기의 대표적인 사회제도를 말하는 것이다. 이러한 사회제도 하에서는 남성은 절대적인 권력을 행사하지만, 여성은 단지 부수적이거나 성적 대상으로서만 그 존재 가치를 가지게 된다. 서양에서의 이러한 가부장적인 제도는 라캉이 말하는 상징계the symbolic의 전형적인 제도이기도 하다. 라캉은 인간의 심리적인 측면을 상상계the imaginary, 상징계, 그리고 실재계the real의 세 영역으로 나눈다. 상상계는 인간이 어머니와 일체를 이루면서 살던 유아幼兒 시절을 지칭한다. 이러한 시기의 특징은 언어 이전의 상태로 유아는 세상의 모든 사물과 통합돼 있지만, 더구나 어머니와는 합일의 상태에 있다. 그에게 있어 어머니는 모든 것이고, 또한 그는 어머니의 모든 것이다.

그러나 이러한 어머니와의 합일은 인간이 언어를 습득하면서 돌이킬 수 없을 정도로 단절된다. 이러한 단절은 라캉이 말하는 〈대상 소문자 a〉와 자신과의 괴리를 의미한다. 어머니와의 합일 상태에서는 유아는 어머니로 대표되는 세계와 즉자적卽者的 관계를 유지하고 있었으므로 모든 것이 언어의 매개 없이 충족될 수 있었다. 그러나 언어라는 대타자大他者로 매개되는 상징계에서는 어린 아이의 욕망은 이제 더 이상 즉각적이고 비매개적으로 충족되지 않는다. 따라서 어린 아이는 상징계에 진입함과 동시에 욕망의 충족이 이루어지지 않는다는 사실을 알게 된다. 이제는 언어가 욕망의 충족을 방해하는 위치에 있게 되기 때문이다. 이제 인간 주체는 욕망의 충족 대신에 단절과 유리라는 결핍으로서의 욕망을 경험하게 된다. 그 결과물이 바로 라캉이 말하는 〈대상 소문자 a〉인 셈이다. 라캉은 대표적인

<대상 소문자 a>로 다음과 같은 것을 지적한다. 이들은 젖가슴, 대변, 상상적인 사물로서의 팰러스, 오줌 줄기, 눈길, 목소리 등으로 이런 것들은 어머니와의 합일적인 상태에서는 즉각적으로 충족되는 것이었다.[8] 그러나 어린 아이가 상징계에 진입하면서 이러한 사물들은 그와는 영원히 유리된다. 따라서 상징계에 진입한 주체는 <대상 소문자 a>를 단지 소망할 뿐 획득할 수는 없다는 것을 알게 된다. 이러한 <대상 소문자 a>는 주체가 성인이 되었을 때 그의 성욕을 자극하는 대상으로 발전하게 되는 것은 바로 이런 이유에서이다. 인간이 언어를 습득한다는 것은 곧 그가 상징계에 진입함을 의미하는데, 상징계는 상상계에서처럼 어머니와의 합일이 가능한 세계가 아니라 언어 기표가 사물을 지시하는 매개체로 작동하는 세계이다. 따라서 상징계에서의 주체는 자신의 욕망이란 곧 결핍의 다른 이름임을 인식하게 된다.

이제 이 같은 라캉의 정신분석이론을 원용하여 이 희곡을 읽어보자. 이 희곡의 처음 장면에서 리어는 자신의 왕국 경영에서 완전히 손을 떼고 이를 분할하여 딸들에게 주려고 한다. 이것은 무엇을 의미하는가? 이것은 다음과 같은 서로 상반되는 두 가지를 그가 원하고 있음을 드러낸 것이다. 즉, 그는 "[1] 자기와 가까이 있는 사람들을 절대적으로 조종하고자 하는 것이며, 또한 [2] 그들에게 완전히 의존하는 것이다."[9] 이 같은 리어의 욕망은 그가 어머니와의 합일이 이루어지던 상상계의 시기로 퇴행했음을 보여주는 것이다. 이 같은 그의 퇴행은 그가 오랫동안 아내 없이 홀아비로 살았기 때문에 그 부작용으로 생긴 것일 수도 있다. 이러한 리어의 퇴행은 또한 가부장제가 원천적으로 내포하고 있는 체제적인 결함에 기인하는 것

---

8) Lacan, *Érits: A Selection,* p. 315.
9) Kahn, p. 121.

이기도 하다. 가부장제에서 아버지이고, 남자이며, 통치자이기도 한 리어는 자신이 느끼는 애정에 대한 욕구를 습관적으로 억압해야만 했기 때문이다. 이러한 애정은 어머니와 어머니의 역할을 하는 여성에 의해 충족될 수 있는데, 그는 아내가 없이 혼자 살아 왔기 때문에 이 같은 애정에 대한 욕구를 충족할 수 가 없었던 셈이다. 더구나 리어의 큰 딸 둘은 이미 결혼했기 때문에 그의 이러한 심리적 결핍과 욕망을 충족시킬 수가 없다. 그러나 막내딸인 코딜리어는 아직 결혼하지 않았기 때문에 그는 그녀가 자신의 이 같은 욕망을 충족시킬 수 있는 여성으로 생각하여, 그녀를 절대적으로 통제하고 동시에 그녀에게 절대적으로 의지함으로써 노년에 그녀가 그의 딸이면서 아내의 역할을 하고, 또한 딸이면서 어머니의 역할을 하기를 바랐다.10) 그러나 이러한 그의 욕망은 근친상간적인 욕망이어서 충족될 수 없다. 리어가 이 희곡의 처음 장면에서 코딜리어가 그의 요구를 거절하자 그의 감정이 통제 불능 상태에 이르는 것은 바로 이 같은 이유에서이다. 그가 자신의 감정을 조절하지 못하는 근본적인 원인은 "어머니의 현전이 박탈"11)됐기 때문이라는 사실을 상기한다면, 이 희곡에서 리어가 자주 광증을 일으키거나 화를 내는 것은 그가 어머니와의 합일이 가능하던 상상계로의 회귀를 희구하기 때문이다. 이처럼 리어에게는 어머니의 현전이 필수 불가결하다. 그러나 이러한 어머니의 현전은 사물의 존재가 언어의 매개를 통해서만 가능한 상징계에서는 결코 가능한 것이 아니다. 따라서 리어의 비극은 상징계에 갇힌 인간 주체가 존재의 결핍으로 야기된 욕망을 성취하려는 시도가 얼마나 처절한 것이며, 또한 이의 실패가 얼마나 쓰라린 것인가를 적나라하게 보여준다고 말할 수 있다. 이렇게 볼 때 이 희

---

10) Kahn, p. 121.
11) Kahn, p. 122.

곡은 리어 왕의 코딜리어에 대한 근친상간 욕망과 이의 좌절 그리고 이러한 좌절이 불러일으킨 모순적인 희열을 보여주는 것이라고 말할 수 있다.

4. 『리어 왕』에 나타난 공격적인 이미지

이 희곡에서 우리가 특별히 유의해서 살펴봐야 할 것은 공격적인 이미지가 많다는 점이다. 우리는 왜 이런 현상이 생기는가를 살펴 볼 필요가 있다. 이러한 공격성이 이 희곡에 만연하는 이유는 이러한 공격성은 상징계의 대표적인 유형이기 때문이다. 상징계는 아버지의 이름과 아버지의 법에 의해 운영되는 체계로, 이러한 체계에서는 어머니 또는 여성의 보살핌이 결핍돼 있다. 따라서 이러한 체제는 흑백 논리나 이행二項 대립에 의한 변별력만이 작동 원리의 기준이 될 수 있다. 이러한 작동 원리는 그 원리 속에 공격성과 파괴성을 내포하고 있다. 이러한 사실은 리어의 딸들이 코딜리어를 포함하여 모두 공격적인 이유이기도 하다. 이들이 공격적인 이유는 그들 스스로가 가부장제 이데올로기의 성원으로서 공격성을 자신들 내부에 내재화內在化하고 있기 때문이다. 코딜리어가 자신의 심정을 솔직히 드러내는 경우에도 단지 단도직입적으로만 말할 뿐 자신이 말하고자 하는 메시지의 파괴력을 누그러뜨리지 않고 직접적으로 표현하는 것은 바로 이 같은 상징계의 속성을 드러낸 것이라고 말할 수 있다.

그렇다면 우리는 이 같은 공격성이 어떻게 해서 가부장제의 특성이 되는가를 살펴볼 필요가 있다. 이에 대한 답은 이 희곡의 맨 처음에 나오는 리어의 다음과 같은 말에서 의외로 쉽게 발견된다.

너희들 중 누가 나를 가장 많이 사랑하는가 묻고자 한다.
애정과 덕성이 합해져서 말하는 애에게 짐은
제일 큰 재산을 내리겠다. (1.1.51-53)

혹스는 사랑의 정도와 비례하여 국토를 배분하는 것은 "생각할 수도 없고 적절하지도 않다"[12]고 말한다. 그러나 문제는 이처럼 생각할 수도 없고 적절하지도 않은 일이 가부장제를 작동시키는 원리로 작동한다는 데에 문제의 핵심이 있다. 가부장제에서는 아버지, 또는 남자가 우월적인 지위에 있기 때문에 열등한 위치에 있는 여성은 단지 가치 비교의 대상물이 될 뿐이다. 이들에게는 고유의 가치가 있는 것이 아니라, 단지 아버지의 주관적인 판단에 의해 결정되는 가치 기준으로만 자신의 중요도가 가늠될 뿐이다. 리어의 결혼한 두 딸들은 이미 청혼과 지참금의 배분 등의 과정을 거쳤기 때문에 가부장제에서의 이러한 가치 평가가 어떻게 작동하는지를 대단히 잘 알고 있다. 따라서 리어가 이렇게 자신의 의도를 공표하자 기다렸다는 듯이 마음에도 없는 말과 아첨으로 아버지인 리어의 환심을 사기에 급급하다. 그러나 코딜리어가 이러한 아첨 경진 대회에 출전하기를 거부하는 것은 그녀 자신의 가치가 아버지에 의해 자의적으로 평가되는 대상물이 되기를 거부하는 행위이다. 따라서 리어가 애정 서약의 정도에 따라 국토를 분배하고자 한다는 공공연한 의사 표시는 가부장제의 가장 근본적인 작동 원리를 겉으로 드러낸 것일 뿐만 아니라, 이 같은 작동 원리 하에서 진행되는 반대급부를 위해 아귀다툼하는 구성원 간의 공격성을 드러내는 계기가 된다.

　　리어의 딸들에 대한 이 같은 생각은 가부장제에서의 자식에 대한 근본

---

12) Hawkes, p. 178.

적인 생각을 드러낸 것이다. 물론 아들과 딸에는 각기 다른 평가 기준이 있다. 이처럼 아들과 딸에 대해 차별적인 평가 기준이 있는 이유는 가부장제는 아버지를 중심으로 한 권력을 아들이 계승하는 제도이기 때문이다. 이러한 아버지 지배를 영속적으로 가능하게 하는 가장 중요한 원칙은 부계성父系性, 장자 상속권, 그리고 가부장제의 세 가지 요소이다. 스톤은 아버지의 지배를 유지시키는 이 같은 구조적인 세 기둥에 대해 다음과 같이 설명한다.

> 이러한 16세기의 [영국의] 귀족적인 가정의 특징은 부계성, 장자상속권, 그리고 가부장제로 압축될 수 있다. 부계성이란 가문의 남성성에 기초한 것으로 가문의 부조父祖들은 족보와 가문의 문장紋章의 기록에 의해 꼼꼼히 추적된다. 그리고 거의 모든 경우 귀족 칭호는 부계에 의해 계승된다. 장자 상속권이란 가문의 재산이 장자에게 상속되는 제도이다. 이 경우 장자가 아닌 다른 아들들은 많지 않은 연금이나 적은 토지에서 생기는 이윤으로 일생동안 근근이 생계가 유지되는 생활을 하지 않으면 안 된다. 가부장제란 남편과 아버지가 거의 절대 권력을 가진 폭군처럼 아내와 자식들에 군림君臨하는 것을 말한다.13)

이처럼 아버지의 지배권이 확고하던 시대에는 아버지는 자식들을 단지 자신의 소유물로만 여겼다. 여기서 자식이란 부계선상父系線上에 있는 아들들을 말하는 것으로 아들들도 장자와 그렇지 않은 아들들 사이에는 장자 상속권에 의해 재산이나 사회적 지위에 있어 대단한 차별이 존재했다. 아들의 경우에도 이처럼 차별이 제도적으로 존재하고 있었는데, 재산권의 소외지대에 위치한 딸은 신분상으로나 재산상으로 아무런 보장이 없었기 때문

---

13) Stone, p. 271.

에 이들은 제도화된 공격성에 아무런 보호 장치 없이 노출된 셈이다. 이 같은 사실은 리어가 코딜리어와 주고받는 다음과 같은 대화에서 잘 드러 난다.

> 리어. 언니들보다 더 풍성한 삼분의 일을 수중에 넣기 위해서
> 무엇이라고 너는 말하겠느냐? 말해 보아라.
> 코딜리어. 말할 것이 하나도 없어요.
> 리어. 하나도 없어?
> 코딜리어. 하나도 없어요.
> 리어. 하나도 없는 데에서는 하나도 생기는 것이 없다.

> Lear. What can you say to draw
> A third more opulent than your sisters? Speak.
> Cordelia. Nothing, my lord.
> Lear. Nothing?
> Cordelia. Nothing.
> Lear. Nothing will come of nothing. (1.1.85-90)

여기에서 보듯이 리어는 코딜리어로 하여금 마음에 없는 말을 하도록 유 도하여 그녀를 물화物化시킴으로써 그녀의 가치를 제고시키고자 한다. 이는 코딜리어는 스스로의 본유적本有的인 가치는 없고 단지 아버지에 대한 아첨 에 의해서만 자신의 가치가 인정받는 위치에 있기 때문이다. 그러나 그녀 는 아버지에 대해 아첨하기를 단호히 거절함으로써 자신의 물적 가치를 무화無化한다. 이는 그녀가 하나의 인격적인 주체임을 드러내는 언술 행위 인 셈이다. 그러나 혹독한 가부장제가 작동하던 시기에 코딜리어의 이 같 이 무모한 행동은 그녀를 '아무 것도 아닌 것'의 위치로 격하시킨다. 더구

나 '아무 것도 아닌 것'nothing이라는 단어는 엘리자베스 1세 여왕 시대의 영
어에는 여성의 생식기生殖器를 의미했다는 증거가 있다고 이글턴은 주장한
다.14) 이렇게 볼 때 가부장제 하에서는 여성은 숙명적으로 아무런 가치가
없었음을 드러낸다. 따라서 여성은 남성이 가진 팰러스를 가지지 못해서
아무것도 아닌 존재로 머물렀을 뿐만 아니라, 이러한 팰러스의 결핍은 재
산이나 금전적인 면에서 여성을 억압하고 차별하는 근거로 작용한 셈이다.
이렇게 볼 때 우리는 셰익스피어 시대의 가부장제 하에서 살던 딸과 여성
의 지위가 얼마나 초라했는가를 확연히 알 수 있다. 이 같은 사실은 리어
의 다음과 같은 말에 의해서 확실히 드러난다.

> 그러면 너의 진실을 너의 혼수감으로 해주마! (1.1.108)

이리하여 코딜리어는 아무런 지참금도 없이 세상에 내동댕이쳐진다.
　　공격적인 이미저리는 이 희곡에서 거의 가감 없이 표현되는 경우가 많
은데, 이러한 예들로는 물어뜯는 것과 잡아먹는 것에 대한 상상 등이 있다.
좀 더 구체적으로 말하면 부모가 자식을 잡아　먹는 것이라든가, 또는 아
이들이 부모를 잡아먹는 이미지도 등장한다. 특히 리어는 자신의 딸들을
다음과 같이 펠리컨에 비유하기도 한다.

> 자신의 몸을 사정없이 다루는 것이
> 버림받은 아비들의 유행인가 보다.
> 분별 있는 처벌이로군! 바로 이 몸이 어버이의 생피를
> 빨아먹고 자란 펠리컨 딸들을 낳은 것이니까 말이다. (3.4.72-75)

---

14) Eagleton, *William Shakespeare*, p. 64.

이 같은 펠리컨의 비유는 셰익스피어가 살던 시대의 문헌에서도 보이는데, 이 문헌에는 펠리컨이 다음과 같이 묘사돼 있다.

> 펠리컨은 새끼들을 지나치게 사랑한다. 새끼들이 어느 정도 커서 털이 검은 색을 띠고 까불대면서, 새끼들은 어미와 아비의 얼굴은 쪼아대기 시작한다. 이렇게 되면 어미새들도 새끼들은 쪼아대어 죽게 한다. 삼일이 되는 날 어미새는 자신의 옆구리를 쪼아대어 피가 철철 흐르게 되면, 어미는 이렇게 흐르는 피를 새끼 새들의 몸에 떨어지게 한다. 이 같은 어미 새의 선혈鮮血 때문에 이미 죽었던 새끼 펠리컨들이 다시 살아나게 된다.15)

이러한 공격적인 이미지는 여기서 그치지 않는다. 리어는 자신이 이처럼 괴물 같은 딸들을 낳았다는 사실을 부정할 뿐만 아니라, 이들의 번식력으로 대표되는 여성의 섹슈앨리티를 다음과 같이 질타하기도 한다.

> 싱글벙글 가짜 웃음을 웃는 저 여인을 보아라.
> 머리에 장식 핀을 꽂은 그녀의 얼굴은 눈같이 희여서
> 정숙을 가장하며, 음탕한 말만 들어도 머리를 흔들어댄다.
> 그러나 족제비 풀을 먹어 살찐 말도 그녀보다는
> 욕정이 덜 야단스럽다. 그년들은 허리 위는
> 여자지만 허리 밑에는 반인반마이다.
> 허리띠 매는 데까지는 신의 것이고 그 아래는 마귀뿐이다.
> 거기는 오직 지옥과 어두움과 유황불 구멍이
> 있을 뿐이며, 타고, 끓고, 냄새나고, 부패가 있다.
> 더럽다, 더러워. 푸, 푸! (4.6.120-131)

이 같은 여성의 섹슈앨리티의 질타는 리어가 자신의 딸들에 대해 느끼는

---

15) Kahn, p. 123에서 재인용.

배신감일 뿐만 아니라, 가부장제로 대표되는 상징계에서의 여성에 대한 경
멸감을 드러낸 것이기도 하다. 셰익스피어가 살던 시대에는 여성의 전형典
型으로서 "정절貞節, 조신操身, 그리고 복종"이 중요한 덕목으로 여겨졌다.16)
따라서 이러한 덕목에 의해 분류한다면, 여성은 천사와 창녀라는 서로 상
반되는 두 가지로 분화된다. 천사로서의 여성은 순결성을 유지하는 성모의
경우가 대표적인 예이다. 리어는 자신의 결혼한 두 딸들의 섹슈앨리티에
혐오감을 드러냄으로써 그들이 단지 창녀의 차원에 머무는 인물들이라고
간주한다. 이렇게 함으로써 그는 자신의 딸들이 동물적인 욕망의 충동을
행동화하는 동물의 차원에 머무르는 것임을 분명히 한다.

5. 모성母性의 억압과 그 해악害惡

엘리자베스 1세 시대의 영국의 가부장제는 일반적인 의미에서의 여성의
억압을 이데올로기의 근간으로 했을 뿐만 아니라, 이와 함께 모성의 억압
또한 자행하는 사회 제도였다. 이 같은 사실은 이 희곡에 나오는 리어의
다음과 같은 탄식에서 극명하게 드러난다.

> 오! 내 가슴에 화가 치밀어 오르는구나!
> 질식의 히스테리! 치밀어 오르는 슬픔아, 내려가거라!
> 그대 고유의 거처는 밑이다.

> O! how this mother swells upward toward my heart!
> *Hysterica passio*! down, thou climbing sorrow!

---

16) Ryan, p. 113.

Thy element's below. (2.4.56-58)

리어는 고너릴의 불친절을 피해 리건에게로 갔으나 그녀 또한 무슨 영문인지 집에 없었다. 이렇게 되지 화가 머리끝까지 치민 리어는 위의 인용에서 보듯 한 바탕 욕설을 하면서 화를 삭이고 있다. 그런데 여기서 우리의 관심을 끄는 것은 영어 원문에는 <this mother>라고 표기된 것이 한국어로는 <화>라고 번역된 사실이다. 이렇게 번역된 것을 보고 우리는 잠시 이것이 혹시 잘못된 번역은 아닌가 하고 생각해 보지만, 이러한 번역은 우리가 한국어로 할 수 있는 한 최대한으로 영어의 원뜻에 근접하는 번역이다. 그렇다면 우리는 여기서 <mother>라는 영어의 어휘가 어떻게 해서 한국어로는 <화>라는 말로 밖에 번역될 수 없으며, 또한 이 단어가 셰익스피어 당시에 이런 의미를 가지게 된 문맥을 살펴보는 것은 아주 중요한 일일 것이다.

여기서 우선 히스테리라는 단어로 불리는 여성 특유의 정신 신체 증상이 셰익스피어 시대에까지 거슬러 올라가서 사용됨을 볼 수 있다. 우리가 주목해야 되는 것은 히스테리라는 증상이 여성에게 나타나는 특정한 신체 증상을 지칭한다는 사실이다. 이러한 증상이 여성에게만 나타나는 특수한 것으로 상정함으로써 히스테리라는 개념은 여성을 억압하고 차별하는 하나의 수단으로 사용됐다는 사실이다. 셰익스피어 시대에는 히스테리는 자리를 확정하지 못한 자궁이 여기저기로 옮겨 다니기 때문에 생기는 증상으로 봤다. 따라서 여성의 감정이 불안정한 것은 바로 이러한 자궁이 정처 없이 이동하기 때문에 생기는 것으로 봤으며, 특히 화의 근본 원인은 이러한 불안정적인 자궁이 이동하기 때문으로 봐서 화가 나는 것을 곧 mother라고 표현한 것이다.

그런데 어머니는 이처럼 부정적인 측면으로만 볼 수 있는 것인가? 라 캉에 따르면 어머니는 어린 아이에게 있어서는 언어 이전의 합일이 있게 하는 핵심적인 존재이다. 어린애가 언어 이전에 불완전한 존재임에도 불구하고 자신이 완전하다고 느끼는 것은 어머니라는 거울에 비춰진 자신을 완전한 존재라고 잘못 알고 있기 때문이라고 라캉은 주장한다. 따라서 어머니와 아이가 합일을 이루는 시기는 인간에게는 대단히 중요한 시기이며, 라캉은 이 시기를 상상계 또는 거울 단계라고 부른다. 이러한 상상계에서 어린애가 어떤 성장 과정을 지났는가는 그가 후에 커서 어떠한 성격을 가지는가를 가늠하는 중요한 척도가 된다. 그러나 가부장적인 사회체제가 굳어져 있던 엘리자베스 1세 여왕 시대에는 이러한 어머니의 중요성을 무시했을 뿐만 아니라 비하하기까지 했다. 이러한 관행과 사고방식을 잘 드러낸 인물이 리어인 셈이다. 그는 어머니의 모성을 비하하는 사회 여건 속에서 성장하여 남성 권력만이 최고의 가치라고 여기게 된 인물이다. 따라서 그는 자신이 여성성을 필요로 한다는 사실을 의식하지 못했으며, 감정을 드러내는 것, 즉 화를 내는 것을 유약한 여성처럼 행동하는 것이라고 생각하여 이를 수치스럽게 생각했을 뿐만 아니라 이를 억압한 셈이다. 이 같은 그의 사고방식이 바로 그 자신의 비극의 원인이 된 셈이다. 부성성이 수직적인 관계에 기초한 것이라면 모성성은 수평적인 관계에 기초한 것이기 때문에, 모성은 억압되는 순간 전치轉置가 가능하다. 그러나 이러한 치환은 오래 가지 못한다. 억압된 욕망은 언제나 다시 돌아오게 돼 있고, 이렇게 다시 돌아오는 억압된 것은 더 큰 반동을 동반한다. 리어가 코딜리어에게 근친상간 욕망을 가지고 있는 것은 그 자신이 억압한 모성의 반동이며, 그가 코딜리어에게 더욱 애착을 느끼는 것은 바로 이 같은 이유에서이다.

6. 바보 광대 실재實在, the real를 보다

이 희곡에서 우리가 특히 유의해야 할 것은 바보광대의 역할이다. 그는 리어와 거의 항상 함께 있으면서 그의 말을 들어 주고, 그에게 충고를 하며, 그를 비웃기도 하고, 또한 현실에 대한 직언을 하는 유일한 인물이다. 그렇다면 그의 역할을 어떻게 볼 수 있을까? 그는 리어에게는 심리 치료사이고, 관객에게는 그리스 비극에 등장하는 코러스의 역할을 하는 인물이다. 그가 이처럼 다양한 역할을 할 수 있는 것은 이 희곡에서 리어가 보지 못하는 실재를 그는 볼 수 있기 때문이다. 실재는 라캉의 정신분석이론에서 상상계와 상징계와 더불어 세 개의 핵심축 중 하나이다. 실재는 일종의 심리적인 현실로서, 언어에 의해 규정되고 판이 박히는 현실 이전의 실상이다. 따라서 엄밀한 의미에서 인간 주체는 아무도 이러한 실재를 정확히 볼 수 없다. 이러한 예로 독도獨島를 보기로 하자. 독도는 물론 한국인이면 모두 한국의 영토로 알고 있는 섬이다. 그러나 일본도 이 섬을 자기들의 영토로 주장하고 있는 것이 사실이다. 이 경우 같은 섬을 놓고도 한국 측에서는 독도라고 부르고, 일본에서는 다케시마竹島라고 부른다. 이처럼 같은 섬을 다른 이름으로 부르는 것이 바로 상징계의 실태이다. 따라서 이 섬을 어떻게 부르느냐에 따라 그것이 한국의 영토에 속할 수도 있고 일본의 영토에 속할 수 있다. 그렇다면 실재계란 바로 이 같은 상징계의 언어가 개입되기 이전에 이 섬을 보고 지칭하는 그 무엇이라고 말할 수 있다. 바보광대는 바로 이 같이 상징계의 언어 체계를 초월하는 경지에서 리어를 본다는 측면에서 그는 실재를 본다고 말할 수 있다. 바보 광대가 이러한 실재를 볼 수 있는 이유는 그가 마음을 비운 상태에서 언어로 왜곡되고 굳어지기 이전의 실상을 볼 수 있기 때문이다. 따라서 그는 리어와의 관계에서 그를 두려워하지 않을 뿐만 아니라 그에게서 어떤 이익도 기대하지 않기 때문에 리어가 보지 못하는 실재를 볼 수 있다. 그는 리어가 자신의 이해 관계와 욕망 때문에 보지 못하는 문제를 정확히 제시함으로써 그에게 길을 보여준다. 특히 바보 광대는 리어의 문제가 근친상간 욕망임을 다음과 같이 정확히 지적한다.

> 머리 넣을 집도 아직 없는데
> 불알 넣을 바지를 만든다면
> 머리나 불알에 이虱가 꾄다오.
> 여러 거지가 그렇게 장가갑니다. (3.2.27-30)

> The codpiece that will house
> Before the head has any,
> The head and he shall louse;
> So beggars marry many. (3.2.27-30)

여기에 <불알 넣을 바지>라고 번역한 codpiece는 꽉 조이는 바지를 입을 때 남성기를 넣기 위해 만들어진 주머니 같은 것이다. 따라서 바보 광대가 한 말을 좀 더 자세히 분석해 보면 다음과 같은 의미가 있다. 머리를 넣기 전에 남성기(불알)를 먼저 챙기는 사람, 정욕을 이성에 선행시키는 사람은 결국 미치게 되고 궁핍을 면하지 못하게 된다는 의미이다.[17]

바보 광대는 음욕淫慾에 대해서도 공공연하게 말하는데, 다음과 같은 말은 늙은 리어가 코딜리어에게 갖고 있는 근친상간의 음욕을 직접 꼬집은 것이기도 하다.

---

17) Blechner, p. 321.

> 그런데 넓은 벌판에 작은 불씨는
> 음탕한 늙은이의 염통 같은 거야.
> 조그만 불똥 하나만 있지
> 늙은이 몸뚱이의 다른 데는 차디차거든. (3.4.114-116)

한편, 리어가 폭풍에 대해 고함치면서 하는 다음과 같은 말은 "그의 무의식적인 갈등이 겉으로 폭발한 것"[18]이라고 볼 수 있다.

> 발각되지 않은 죄들을 몸속에 지녔으나
> 아직 정의의 심판은 받지 않은
> 악당들이여, 몸을 떨어라.
> 살인자여, 거짓 맹세한 자여, 근친상간의 죄를 짓고도
> 유덕한 체하는 자여, 숨어 보아라. (3.2.51-55)

이 같은 리어의 절규絶叫는 그가 드디어 자신의 근친상간의 죄에 대해 인식했다는 사실을 드러낸 것이다.

7. 주이상스의 근원으로서의 리어의 근친상간 욕망

이제 우리는 리어가 코딜리어로부터 바라는 것이 단지 아버지가 딸에게서 얻고자 하는 그런 종류의 즐거움이 아니라는 사실을 인식해야 할 필요가 있다. 그는 코딜리어를 "나의 기쁨"(1.1.82)이라고 부르지만, 이 같은 기쁨은 단순한 즐거움이 아니기 때문이다. 여기서 우리는 라캉이 말하는 주이상스라는 개념을 원용할 필요가 있다. 라캉이 말하는 주이상스의 개념은

---

18) Blechner, p. 321.

바로 리어가 느끼는 그런 종류의 즐거움이기 때문이다.

우선 주이상스라는 개념을 보자. 라캉이 주이상스라고 부르는 기쁨은 우선적으로 극단적인 즐거움을 말하는 것이다. 이러한 주이상스는 성적인 쾌락, 특히 여성이 느끼는 오르가즘까지를 포함한다. 그러나 주이상스가 단지 성적 쾌락만을 지칭하는 것이 아니라는 사실은 주이상스가 종교적인 법열法悅까지를 포함하고 있기 때문이다. 이런 이유로 해서 라캉이 사용한 주이상스라는 프랑스어는 다른 나라말로 번역하지 않고 원어 그대로 쓰는 경우가 많다.

주이상스는 금지를 전제로 한다. 따라서 전제 조건으로서의 금지는 주이상스를 가능하게 한다. 리어가 코딜리어로부터 얻는 즐거움이 주이상스인 이유는 바로 이 같은 즐거움이 근친상간이라는 아버지의 법에 의해 금지된 즐거움이기 때문이다. 주이상스가 즐거운 쾌락인 이유는 바로 여기에 있다. 주이상스는 또한 프로이트가 말하는 죽음 욕동과도 떼어놓을 수 없다. 이는 극도의 즐거움이 죽음에 이르게 하기도 하지만, 또 다른 측면에서 볼 때 삶 욕동은 죽음 욕동과 분리될 수 있는 것이 아니라, 이 둘은 야누스의 얼굴처럼 서로 다른 측면일 뿐이기 때문이다. 따라서 리어가 코딜리어를 "나의 기쁨"이라고 부르는데 이것을 라캉의 용어를 빌려 다른 말로 하면 코딜리어는 리어에게는 "나의 주이상스"인 셈이다.

리어가 코딜리어로부터 얻는 주이상스는 이 희곡의 후반부에 그가 그녀와 만나는 장면 묘사에서 잘 드러난다. 리어와 코딜리어는 에드먼드에게 체포되어 감옥에 같이 갇히게 된다. 리어의 경우 일국의 통치자였던 그가 감옥에 갇히게 된다는 사실은 커다란 모욕이며 고통이었을 것임에도 불구하고 오히려 그는 이 같은 고통 속에서 커다란 행복을 느낀다. 그가 역경 속에서 이처럼 행복을 느끼는 이유는 무엇인가? 그것은 그가 느끼는 고통이 단순한 고통이 아니라 고통스러운 즐거움인 주이상스이기 때문이다. 그는 자신이 그처럼 진심으로 바라던 대로 코딜리어와 드디어 홀로 같이 있게 되었기 때문에 다른 어떤 고통도 그의 안중에는 없는 셈이다. 단지 그녀와 함께 있다는 사실만이 그에게는 주이상스의 근원이 되는 셈이다. 그는 이렇게 말한다.

> 자, 우리 감옥으로 가자.
> 우리 단 둘이서 새장에 갇힌 새들처럼 노래 부르자.
> 네가 내 축복을 청하면 나는 무릎을 꿇고 너의 용서를
> 청하겠다. 그리하여 우리는 살아가고 기도하고 노래 부르고
> 옛날이야기하고 금나비처럼 호화롭게 차려입은 조신들을
> 비웃고, 가엾은 자들의 궁중 이야기하는 것을 듣기로 하자.
> (5.3.8-13)

이와 같은 리어의 말에서 우리는 그의 심리를 읽을 수 있다. 우리의 관심을 끄는 것은 그가 "단 둘이서 새장에 갇힌 새들처럼 노래하자"라고 말하는 대목이다. 새장에 갇힌 새는 자유롭지 않고 구속받는 영어(囹圄)의 신세에 처해 있기 때문에 이런 새가 부르는 노래는 즐거울 수가 없다. 그렇다면 그는 "숲으로 풀려난 새가 노래하듯이"라고 말했어야 더 적절한 표현일 텐데, 그들은 지금 감옥으로 가기 때문에 이 또한 적절한 표현은 아니다. 리어가 이렇게 말하는 것은 그가 느끼는 행복은 고통스러운 행복이라는 점을 강조하는 것이다. 물론 이 같은 그의 "고통스러운 행복"에서 강조되는 것은 "행복"이라는 점을 상기한다면, 리어가 느끼는 행복은 라캉이 말하는 주이상스인 셈이다. 이러한 그의 행복이 주이상스라는 사실은 그의

다음과 같은 제안에서 잘 드러난다. 그는 코딜리어에게 단 둘이서 궁중이야기를 듣자고 제안한다. 이 같은 그의 제안은 무엇을 의미하는가? 그것은 그와 코딜리어와는 연인 관계라는 환상에 빠져 있음을 의미한다.[19) 또한 그가 궁중 이야기를 듣자고 제안하는 것은 그들이 왕과 왕비라는 상상 속에 살고 있음을 의미하는 것이기도 하다.[20) 그렇다면 리어왕은 그의 무의식에서 코딜리어와 분명히 근친상간의 관계에 있음을 의미한다. 이러한 리어의 근친상간 욕망이 얼마나 강렬한지는 그의 다음과 같은 말에서 잘 드러난다.

> 우리 두 사람을 떼어놓으려면 하늘에서 횃불을 가지고 와야 돼.
> 그리고 불을 질러 여우를 내몰듯이 여기서 우리를 내몰아야 돼.
> (5.3.22-3)

이 얼마나 강렬한 욕망인가? 더구나 그들 자신들은 여우 굴에 칩거하는 여우들이라는 비유는 사실은 아닐지 모르나 무의식적으로는 그들이 아무도 보지 않는 여우 굴에서 오붓한 행복과 은밀한 성적 접촉을 행하고 있음을 은유적으로 내비친 것이다. 아버지와 딸의 성적 접촉이 금기에 속하는 것인 한에 있어서는 이들의 이 같은 상상적인 관계는 리어에게는 충분한 주이상스의 밑바탕을 제공하는 셈이다.

리어의 근친상간 욕망은 그러나 실제는 아니고 단지 그의 무의식에만 존재하는 욕동일 뿐이다. 따라서 그와 코딜리어 사이에는 직접적인 신체접촉은 없다. 그러나 이 극의 마지막 장場에 나오는 다음과 같은 연출 지시는 이 희곡에서 결코 지나칠 수 없는 중요한 사건이 아닐 수 없다.

---

19) Blechner, p. 318.
20) Blechner, p. 318.

리어가 죽은 코딜리어를 팔에 안고 다시 등장한다

리어가 이미 80을 넘은 노인이며, 여러 가지 근심 걱정과 고통을 겪으면서 탈진된 상태에 있다는 사실을 상기할 때, 코딜리어가 아무리 가벼운 여자라고 할지라도 리어가 죽은 그녀를 팔에 안는 행동은 초인간적인 힘을 드러낸 것이다. 그렇다면 리어의 이 같은 초인간적인 힘은 어디서 나오는 것인가? 그것은 다름 아닌 그의 주이상스에 근원하는 것이다. 인간은 보통보다 더 한 기쁨이나 희열을 경험할 때 자신도 모르게 초인간적인 힘을 드러낼 수 있다. 리어가 보이는 초인간적인 행동은 바로 이 같은 예에 속한다. 그는 자신이 사랑하는 딸 코딜리어의 죽음을 보고 자기도 모르는 사이에 그녀의 시체를 팔에 들고 나타날 정도의 초인적인 힘이 솟은 것이라고 해석할 수 있다. 이제 그는 죽은 코딜리어를 팔에 안음으로써, 그녀가 살아있을 때는 가능하지 않던 그녀와의 신체적인 접촉을 이룬 셈이다. 이는 그의 근친상간 욕망이 대리적代理的으로 이루어졌음을 의미한다. 코딜리어는 (죽어 있기는 하지만) 이제 그[리어]의 것이 되었다.[21] 이 같은 사실은 그가 초인적인 힘을 드러내는 계기가 된 것이다.

8. 나가는 말

이 글을 시작하면서 필자는 블룸이 『리어 왕』을 난해한 작품이라고 평가하면서, 그가 이 희곡을 이렇게 생각하는 이유는 "『리어 왕』과 『햄릿』은 인간의 본성과 운명의 처음과 끝을 보여주기 때문"이라고 말한 것을 인용

---

21) Blechner, p. 319.

한 바 있다. 그렇다면 셰익스피어가 이 희곡들에서 인간의 본성과 운명을 어떻게 보여주는가를 생각해 볼 필요가 있다. 『햄릿』을 읽는 한 가지 방법은 프로이트의 정신분석을 원용하는 방법이다. 그럴 경우 이 희곡은 햄릿이 자신의 어머니인 거트루드에 대한 근친 상간 욕망이 핵심적인 문제로 떠오르게 됨을 알 수 있다. 반면 『리어 왕』에서는 리어의 코딜리어에 대한 근친상간 욕망을 읽을 수 있다. 이렇게 볼 때 이 두 희곡은 각각 청년인 햄릿이 어머니에 대해 가지는 근친상간 욕망과 아버지인 리어가 딸 코딜리어에 대해 가지는 근친상간을 주제로 한 것임을 알 수 있다. 따라서 결국 이 두 희곡에서 셰익스피어가 인간의 근본적인 욕망인 근친상간이 청년과 노인에게서 각기 어떻게 드러나는가를 살펴본 셈이다. 셰익스피어는 위대한 극작가라고들 말은 하지만, 인간의 본능에서 이렇게 중요한 주제를 그의 중요한 비극에서 이처럼 비중 있게 사실적으로 다뤘다는 사실은 그의 위대한 문학적 성취를 다시 한 번 드러내는 쾌거가 아닐 수 없다.

리어가 코딜리어에게 가지고 있던 근친상간 욕망을 좀 더 잘 이해하기 위해서는 그의 처지를 이해하는 것이 중요하다. 그는 여성과 여성성, 그리고 모성을 억압하는 이데올로기가 주류를 이루는 가부장제의 산물이다. 그는 한 나라의 왕이었을 뿐만 아니라 가정의 가장으로서 그에게 맡겨진 이러한 가부장제의 수장으로서의 역할을 충실히 수행한 인물이다. 그러나 이같은 사회 이데올로기로서의 가부장제는 아버지의 법이 지배하는 상징체계이기 때문에 그는 어머니와의 합일이 이루어지던 상상계에서의 기억을 결코 떨쳐 버릴 수가 없다. 더구나 그가 홀아비로 노년을 살고 있다는 사실은 그의 삶이 얼마나 쓸쓸하고 외로웠을까를 짐작하기에 충분한 근거가 된다. 이러한 처지에 있는 리어는 자신의 왕국을 분할하여 딸들에게 주고 노년을 편안하게 지내고 싶은 충동을 느낀다. 이는 그가 나이가 들었기 때문에 어머니와의 합일이 이루어지던 유년기로 퇴행하기 때문이다. 이러한 그의 생각은 그로 하여금 코딜리어를 자신의 <대상 소문자 a>로 여기게 하는 계기가 된다. 그는 코딜리어와의 사랑을 통해 의, 식, 주 등의 기본적 욕구를 충족할 수 있다고 느낀 것이다. 더구나 노년에 코딜리어와 함께 삶으로써 그는 심리적이고 정신적인 공허를 메우려는 욕망을 충족시킬 수 있을 것이라고 무의식적으로 느낀 셈이다. 그러나 이 같은 그의 무의식적인 욕망은 아버지의 법에 의해 금지된 근친상간의 범주에 드는 일이 된다. 더구나 코딜리어가 리어에게 사랑을 고백하지 않음으로써 그의 욕망은 좌절된다. 여러 가지의 우여곡절과 좌절을 겪고 난 후, 그는 코딜리어와 재회하게 되지만, 그녀와의 재회는 오래 가지 않는다. 코딜리어에 대한 리어의 욕망이 금기인 한에서는 리어가 그녀에 대해 느끼는 기쁨은 고통스러운 쾌락인 주이상스가 된다. 이런 측면에서 볼 때 리어가 느끼는 주이상스는 금기의 산물이며, 고통스러운 것이지만, 그렇기 때문에 그에게는 그보다 더 큰 희열은 어디에도 없는 셈이다.

3
아버지의 이름, 주이상스,
그리고 『로미오와 줄리엣』 읽기

1. 시작하는 말: 아버지의 법과 아버지의 금지

패너고포울로스는 "이 희곡[『로미오와 줄리엣』]은 공민법과 성적 욕망 사이의 외적인 충돌이 야기한 결과로 보인다"고 주장한다.[1] 이 같은 그의 주장은 아주 타당한 지적이다. 그렇다면 우리는 이 같은 공민법과 성적 욕망의 충돌이 의미하는 바가 정확히 무엇인가를 살펴 볼 필요가 있다. 이 같은 우리의 추적은 라캉이 말하는 아버지의 이름이라는 개념을 통해 정확히 규명될 수 있다.

라캉은 상징계에서 남근男根이 차지하는 중요성에 대해 주목한다. 그러나 그가 남근이라고 부르는 것은 프로이트가 말하는 남근과는 질적으로

---

1) Panagopoulos, p. 141.

다른 개념이다. 프로이트는 생물학적인 의미에서의 남근penis의 중요성에 중점을 두었다면, 라캉은 기표로서의 남근phallus에 그 중요성을 둔다. 따라서 우리가 프로이트의 penis와 라캉의 phallus를 모두 남근이라고 번역함에도 불구하고 이 둘이 지칭하는 남근은 근본적인 차이를 가지고 있음을 인식할 필요가 있다. 이 둘의 이 같은 차이는 그들이 살던 시대에 자신들이 접한 학문적인 발전 단계에 기인한다. 프로이트는 아직 소쉬르의 기호학이나 레비스트로스의 구조주의가 생겨나기 이전에 정신분석학을 창시했기 때문에, 그가 이론을 전개하는 과정에서 이들의 학문을 원용할 수가 없었다. 반면, 라캉은 기호학과 구조주의의 이론들이 만개한 시대에 살았으며, 그 자신 이런 이론들에 흥미를 가졌을 뿐만 아니라, 이런 학문들의 주요 개념들을 자신의 이론 전개에 적극적으로 원용했다. 프로이트와 라캉의 이러한 차이가 이 둘이 주장하는 남근의 이론에서 드러나는 셈이다.

라캉의 정신분석이론에서 남근은 아주 중요한 개념이다. 이 개념이 중요한 이유는 그것의 생물학적인 측면에서의 중요성이라기보다는 기호학적 내지는 구조주의적 의미에서의 중요성 때문이다. 라캉은 이미 남근을 생물학적인 측면에서 보지 않고 단지 기능적인 측면에서 그리고 기호학적인 측면에서 보기 때문이다. 그는 남근을 으뜸 기표master signifier라고 부른다. 그가 남근을 으뜸 기표라고 부르는 이유는 으뜸인 주인은 자신을 위해 자신이 전유專有할 수 있는 잉여물을 다른 기표들, 즉 노예로 하여금 창출해 내도록 시킬 수 있기 때문이다. 으뜸 기표인 남근은 다른 기표나 마찬가지로 완전하지는 않지만, 그것이 다른 기표를 작동하게 할 수 있는 역할을 한다는 측면에서 남근은 으뜸의 자리를 유지하는 셈이다. 이 같은 으뜸 기표의 기능에 착안하여 라캉은 으뜸 기표로서의 '주인'으뜸, maître과 '나의 존재'm'être

가 맺고 있는 관계에 대해 언어유희를 한다.[2] 이는 '주인'과 '나의 존재'라는 이 두 표현은 프랑스어에서는 똑같이 발음된다는 사실을 그는 아주 유머러스하게 연결시켜 철학과 존재론을 연결한 셈이다.

으뜸 기표로서의 남근에 대한 이 같은 설명이 조금은 추상적이라면, 남근의 구체적인 실체를 우리는 아버지의 이름에서 볼 수 있다. 아버지의 이름은 곧 남근의 기능을 하는 아버지의 금지적 역할을 보여주기 때문이다. 이러한 아버지의 이름은 우선적으로 오이디푸스 콤플렉스의 근친상간 금기에서 구체적으로 나타나는데, 아버지의 이름은 이를 우선적으로 금하기 때문이다. 이에 대해 라캉은 "<아버지의 이름>에서 우리는 [그것이 가지는] 상징적 기능의 역할을 인식하게 된다. 이러한 상징적 기능은 역사의 여명기로부터 아버지와 법의 실권자가 동일했음을 보여준다"고 말한다.[3] 여기서 우리는 '아버지의 이름'과 '아버지의 금지'라는 두 가지 개념을 만나게 된다. 우리가 말하는 '아버지의 이름'은 라캉이 말하는 *le nom du père*를, 그리고 '아버지의 금지'는 *le 'non' du père*를 각각 번역한 것이다. 프랑스어에서는 표기는 다르지만 발음은 같은 경우가 많은데, 위의 두 경우도 발음은 같으나 의미가 다른 표현이다. 라캉은 이 두 표현의 동음이의성同音異意性에 유의하여 이 둘을 함께 묶음으로써 이 두 개념을 하나로 뭉뚱그려 놓은 셈이다.

아버지의 이름이 금지하는 것은 우선적으로 근친상간의 금기이다. 이는 오이디푸스적인 금지이기도 한데, 이러한 금기는 가부장제에서는 엄격하게 지켜진다. 이러한 금기가 철저히 지켜지는 이유는 이 금기가 가부장제가 균열되는 것을 방지하기 위한 내부적인 안전장치이기 때문이다. 그러

---

2) Lacan, *On Feminine Sexuality*, p. 31n16.
3) Lacan, *Écrits: A Selection*, p. 67.

나 아버지의 금기는 근친상간 금기 같이 단지 내부적인 결속을 위한 조치만으로 그치는 것은 아니다. 아버지의 이름이 존속하기 위해서는 외부의 위협으로부터도 방어해야 하기 때문이다. 이렇게 볼 때, 아버지의 이름은 으뜸 기표가 된다. "이러한 으뜸 기표는 주체에게 정체성을 부여해줄 뿐만 아니라, 주체에게 이름을 주고, 상징계 안에서 그의 위치를 정해 준다."[4] 이 경우 아버지의 이름은 외부의 적으로부터 가문을 지키기 위한 방어기제로 작동한다. 이것이 바로『로미오와 줄리엣』에 나타나는 이름의 중요성이기도 하다.

2. 금지로서의 아버지의 이름

이 희곡은 이탈리아의 베로나의 대대로 내려오는 두 원수 가문의 적대감이 어떻게 이 두 가문에 속한 두 젊은이들의 사랑과 대치되는가를 그린 작품이다. 로미오는 몬테규 가문 출신이며, 줄리엣은 캐퓰릿 가문 출신이다. 이러한 사실은 코러스가 노래하는 이 극의 도입부인 서시序詩의 맨 처음에서부터 아주 분명히 드러난다.

> 다 같이 세도 있는 두 가문이
> 아름다운 베로나를 무대로 삼아
> 해묵은 원한에서 또 싸움을 일으켜
> 시민의 피로 동료 시민의 손을 더럽힌다.
> 이 두 원수 가문의 숙명적인 허리에서
> 박명한 한 쌍의 애인이 태어난다.

---

4) Evans, p. 119.

이들 사랑의 불행, 불우한 파멸은
죽음으로 두 집 부모들의 갈등을 묻어 버린다.
죽고 마는 그들 사랑의 무서운 이야기와
자식들이 죽고 나서야 씻겨 지는
두 가문의 부모들의 길고 긴 분노
이것이 지금부터 두어 시간 상연 될 것이다. (1.1.1-12)[5]

따라서 이들 두 젊은이들의 사랑은 시작과 동시에 아버지의 법에 의한 금기이고 또한 죽음을 의미한다. 따라서 이 희곡에는 이름이 불러일으키는 금기의 위력을 드러내는 대사가 아주 많이 등장한다. 금기와 죽음으로서의 이름은 다음과 같은 줄리엣의 절규에서 극적으로 드러난다.

당신의 이름만이 나의 원수입니다.
몬테규 가문이 아니었더라면 그대는 그대 자신입니다.
몬테규란 이름이 도대체 무엇이란 말입니까? 그것은 손도 발도 아니고
팔도 얼굴도, 아니 한 인간에 속한 그 어느 부분도 아닙니다.
아 다른 이름이 되소서.
이름에 뭐가 있단 말입니까? (2.2.38-43)

줄리엣의 이러한 절규는 그녀가 "이름에 뭐가 있단 말입니까?"라는 의문에서 그 절정을 이룬다. 이처럼 이름에는 아무 것도 없는 듯하지만, 이름을 이름이게 하는 위력은 바로 아버지의 이름이 가지는 힘이며, 아버지의 이름은 곧 금기로 작동하기 때문이다. 이러한 줄리엣의 절규를 듣고 로미오는 다음과 같이 대답한다.

---

5) Shakespeare, *Romeo and Juliet*, p. 81.

이름으로는
내가 누구라고 말해야 할 지 모르겠소.
성녀 같은 줄리엣이시여, 나도 내 이름을 혐오합니다.
내 이름은 그대의 원수이기 때문이요.
내 이름이 글자로 써졌다면 그것을 갈기갈기 찢어 버리고 싶소. (2.2.53-57)

그렇다면 어떻게 해서 이름이 이처럼 막강한 위력을 가지게 되는가?
아버지의 이름이 지배 이데올로기로 작동하는 사회는 다른 말로 하면 가
부장제 사회이다. 라캉에 따르면 이러한 사회 체제에서 가장 강력한 수단
은 언어이다. 줄리엣이 이름이 무엇이 길래 그처럼 커다란 위력을 발휘하
는가라고 묻는 것은 바로 이 같은 언어의 위력을 그녀가 모르기 때문에 하
는 질문이다. 이러한 가부장제는 라캉이 말하는 상징계이다. 상징계에서는
언어가 곧 아버지의 이름을 작동시키는 원리이기 때문에 언어가 강력한
위력을 갖게 된다. 이러한 언어의 가장 중요한 작동 원리 중 하나는 언어
가 기표로서 사물을 객체화한다는 사실이다. 이러한 객체화는 다른 말로
하면 정의定義의 다른 말인데, 상징계의 체제가 움직이는 것은 곧 이런 언어
에 의해 정의된 개념이 작동하는 것을 의미한다. 이러한 예 중에서 아주
쉬운 예를 들어 보자. 미국의 뉴욕에 있는 세계무역센터가 9/11 사태 때 폭
파된 사건을 보기로 하자. 미국 국민들은 이러한 폭파에 가담한 사람들을
테러리스트라고 부른다. 그러나 이들이 살던 이슬람 권 국가에서는 이들은
테러리스트가 아니라 성전聖戰에 참가한 순교자殉教者로 명명되어 칭송된다.
이처럼 아버지의 이름으로 작동하는 가부장제 체제에서는 언어가 바로 이
러한 체제를 움직이게 하는 원동력인 셈이다. 바로 이런 언어의 위력이 드
러난 것이 이름이다. 물론 여기서 이름이라고 말하는 것은 가문을 나타내

는 아버지의 이름을 지칭한다.

　이러한 가부장제의 작동 원리는 단지 아버지의 강압에 의해 시행되는 것이 아니라, 가부장제의 모든 성원의 동의에 의해 운영된다. 이데올로기의 시행을 적극적으로 수행하는 구성원들이 바로 가족과 그 구성원이며, 더구나 어머니라는 사실은 이미 알튀세가 지적한 바 있다. 이 희곡에서도 이러한 사실은 어김없이 드러난다. 줄리엣의 어머니는 가부장제에서 아버지의 이름으로 시행되는 금지를 적극적으로 실천하는 인물이다. 이런 측면에서 볼 때 그녀는 융이 말하는 나쁜 어머니의 원형原型이다. 따라서 줄리엣의 어머니는 줄리엣에게는 적대적이다. 그러나 줄리엣의 유모는 줄리엣을 어렸을 때부터 키웠고 그녀를 양육한 어느 정도는 좋은 어머니의 원형이다. 따라서 줄리엣은 유모와 서로 교감한다. 가면무도회에서 줄리엣은 로미오를 보고 그가 누구인지 유모에게 묻는다. 이에 유모는 그가 누구인지를 대답한다. 이들이 이 같이 나누는 다음과 같은 대화는 가부장제에서 아버지의 이름이 차지하는 위치를 쉽게 가늠하게 하는 잣대를 제공한다.

　　줄리엣. 저기 따라 가시는 분은 누구지, 춤도 추지 않으려 하시던데?
　　유모. 모르겠는데요.
　　줄리엣. 가서 이름을 여쭈어 봐요. 그분이 결혼하셨다면
　　내 무덤이 내 신방이 될 런지도 모를 일이야.
　　유모. 그분의 이름은 로미오요, 몬테규 가문 사람으로, 아씨네 집안과 불공대천의 원수 집안이랍니다.
　　줄리엣. 하나 뿐인 내 사랑이 다시없는 증오의 대상으로부터
　　돌아나다니. 서로 모르면서 너무 일찍 봐버렸고
　　알고 보니 때는 너무 늦었구나. 미워해야 할 원수를
　　사랑해야 하다니, 불길한 사랑의 탄생이로다. (1.5.131-140)

이렇게 해서 로미오와 줄리엣의 불길한 사랑의 씨앗은 뿌려지게 되었다.

3. 삶 욕동과 죽음 욕동의 교직交織

로미오와 줄리엣은 우리의 상식으로 납득이 되지 않는 여러 가지 행동을
한다. 그 중의 하나는 로미오가 자신의 앙숙인 캐퓰릿 가문의 가면무도회
에 초대도 없이 불쑥 나타난다는 사실이다. 로미오가 속한 몬테규 가문과
캐퓰릿 가문과의 오랜 적대 관계에서 볼 때 이 같은 로미오의 행동은 죽음
을 자초하는 아주 무모한 행동이라고 밖에 볼 수 없다. 로미오는 캐퓰릿
가문의 무도회에 가기 전에 벤볼리오와 가진 대화에서 다음과 같이 자신
의 심경을 토로한다.

> 벤볼리오. 자네가 말하는 그 바람 때문에 우리는 자신을 잊고 있었네.
> 만찬도 끝났는데, 우리 너무 늦겠는 걸.
> 로미오. 나는 너무 이를까봐 걱정일세. 왜냐하면 두려운 생각이
> 들어서 그래. 아직까지 운명의 별에 걸려 있어서 그
> 모습이 드러나지 않고 있는 어떤 일련의 사건이 오늘 밤의
> 연회를 계기로 하여 그 무서운 활동을 가혹하게 시작하여
> 내 가슴 속에 갇혀서 싫증이 나버린 삶의 기간을 때 아닌
> 죽음이라는 고약한 어떤 형벌로 끝내버릴 것 같은 생각이 들어.
> (1.4.104-111)

로미오의 이런 말은 우리에게 아주 흥미로운 사실을 드러낸다. 그는 지금
발각될 경우 자신의 죽음까지 자초할 수 있는 아주 위험하고 무모한 모험
을 감행하기 전이다. 그런데 그는 이런 처지에서 <싫증이 나버린 삶>과

<때아닌 죽음>을 대비시키고 있는 것이다. 다시 말하면 그는 삶과 죽음을 서로 별개의 따로 떨어진 것으로 보지 않고 이 둘이 서로 밀접하게 연계돼 있다고 보고 있는 셈이다. 더구나 이러한 이 둘 사이의 연계는 <운명의 별에 걸려 있어서>라는 표현에서 드러나듯이 사람의 능력 밖에 있어서 인간이 이를 좌지우지 할 수 있는 것이 아니라 단지 초자연적인 힘에 의해서만 연계가 가능함을 암시한다. 그렇다면 어떻게 해서 이런 일이 가능한가?

이 같은 로미오의 심경 토로는 삶 욕동과 죽음 욕동이 서로 분리돼 있는 것이 아니라 교직交織돼 있다는 정신분석이론에 의해서 설명될 수 있다. 이러한 이론은 프로이트와 라캉 모두에서 발견된다. 프로이트는 삶 욕동(에로스)과 죽음 욕동(사나토스)을 "하나의 근본적인 대비對比"로 보았다.[6] 여기서 프로이트가 말하는 에로스는 응집과 통합을 향한 하나의 경향이라면, 사나토스는 연계를 끊고 객체를 파괴하는 방향으로의 상황 전개를 의미한다. 그러나 삶 욕동과 죽음 욕동은 결코 순수한 형태로 발견되지 않고 서로 다른 비율로 혼합되어 섞여 있는 상태로 발견된다고 프로이트는 주장한다. 따라서 죽음 욕동이 발견되는 것은 삶 욕동과 함께 나타날 때뿐이기 때문에, 그렇지 않은 경우에는 죽음 욕동이 감지되지 않는다고 프로이트는 주장한다.

라캉은 이 같은 프로이트의 주장에서 좀 더 발전하여, 죽음 욕동과 삶 욕동은 서로 분리가 불가능할 뿐만 아니라, 이 둘은 모든 욕동이 드러내는 "하나의 특징"일 뿐이라고 주장한다.[7] 따라서 "삶 욕동과 죽음 욕동은 모든 욕동이 드러내는 두 측면이라는 관점에서만 사실이다"라고 말한다.[8]

---

6) Evans, p. 32.
7) Evans, p. 33.

라캉이 "모든 욕동은 실제적으로는 죽음 욕동이다"9)라고 단정적으로 주장하는 것은 그가 가진 죽음 욕동에 대한 이 같은 근본적인 생각의 연장선상에 있다. 그가 죽음 욕동을 이처럼 모든 욕동의 핵심에 위치시키는 근거는 다음과 같은 세 가지 이유에 근거한다. 즉 [1] 모든 욕동은 스스로의 종식을 추구한다. [2] 모든 욕동은 주체로 하여금 반복으로 유도한다. 그리고 마지막이지만 가장 중요한 이유로서 [3] 모든 욕동은 쾌락 원리를 초월하기를 시도함으로써 초과의 영역인 주이상스에 이르고자 한다. 여기서 주이상스란 즐거움이 고통으로 경험되는 것을 말한다.10)

4. 사랑과 미움은 한 뿌리에서 나온 일란성 쌍생아雙生兒이다

사랑과 미움 또한 같은 맥락에서 이해될 수 있다. 사랑과 미움은 언뜻 보면 서로 상반되는 것처럼 보이지만, 이 둘은 하나의 뿌리에서 피어난 두 송이의 꽃이라고도 말할 수 있기 때문이다. 이러한 맥락에서 로미오의 다음과 같은 말을 이해할 수 있다.

> 증오로 일어나는 소동도 크지만, 사랑으로 일어나는 소동은 더 크다네.
> 그리고 보니, 아, 서로 싸우는 사랑이여, 아, 서로 사랑하는 미움이여
> (1.1.175-7)

따라서 로미오가 <서로 싸우는 사랑>brawling love과 <서로 사랑하는 미움>

---

8) Lacan, *The Four Fundamental Concepts of Psychoanalysis*, p. 257.
9) Lacan, *Écrits*, p. 848.
10) Evans, p. 33.

loving hate을 병치拉置시킨 것은 이상할 것이 전혀 없다. 사랑과 미움은 서로 상극相剋인 듯 보이지만 이 둘은 한 뿌리에서 나온 쌍둥이이기 때문이다.

5. 장미는 왜 어떤 이름으로 불러도 향기로운가?

이 희곡에서의 불길한 사랑은 로미오와 줄리엣이 가진 이름에 그 원인이 있다. 이 이름들은 이 둘이 태어나기 오래 전부터 서로 앙숙으로 존재해 왔기 때문이다. 이런 사실은 줄리엣의 다음과 같은 말에서 잘 드러난다. 이 둘의 비극은 두 가문의 이름에서 연원하는 것이다. 그렇다면 이 두 가문의 이름을 다르게 부른다면 어떻게 될까? 이러한 우리의 의문은 줄리엣의 다음과 같은 말에 그 대답이 있다.

> 우리가 장미라고 부르는 것은
> 다른 어떤 이름으로 불러도 똑 같이 향기로울 것입니다.
> 로미오도 그래서, 그 분이 로미오라 불리지 않아도
> 그 명칭에 관계없이 그 분이 지닌 고귀한 미덕은 그대로
> 지니고 있을 것입니다. 로미오여, 그대의 이름을 벗어
> 던지시고, 자신의 한 부분도 아닌 그 이름 대신에 저를
> 송두리째 가져가소서. (2.2.43-48)

그렇다면 이 같은 줄리엣의 말은 사실이 될 수 있는가? 라캉의 이론에 따르면 상징계에서의 주체의 존재는 그가 가진 이름에 의해 한정 지워지기 때문에 줄리엣의 이 같은 욕망은 단지 욕망에 지나지 않을 뿐 실현 불가능한 소원일 뿐이다. 그러나 이러한 줄리엣의 소원에서 우리는 여러 가지 사

실을 유추할 수 있다.

우선 "우리가 장미라고 부르는 것은/다른 어떤 이름으로 불러도 똑 같이 향기로울 것입니다"라는 줄리엣의 말에 유의해 보자. 그녀가 이렇게 말하는 것은 아버지의 이름이 지배하는 상징계에서 이름의 횡포를 절실히 체험했기 때문에 가능한 말이다. 이름은 이것으로부터 저것을 구분 짓게 함으로써 구별에 의한 위계질서를 가능하게 하는 수단이다. 캐퓰릿 가문과 몬테규 가문이 서로 구별될 뿐만 아니라, 서로 적대적인 관계에 있는 것은 바로 이러한 언어의 작동에 의해 위계질서와 장벽이 형성되었기 때문이다. 이러한 현실을 잘 알고 있는 줄리엣은 언어 이전의 상태를 열망한다. 이러한 열망이 그녀의 이 같은 절규를 가능하게 하는 것이다. 장미는 상징계에서는 장미일 뿐 다른 이름으로는 불릴 수 없다. 그러나 줄리엣은 장미라는 하나의 이름으로 고정된 객관적인 사물이 존재하기 이전의 상태를 그리워하고 있다. 이러한 언어 이전의 상태에서는 장미는 장미라는 이름 이외의 다른 이름으로 불릴 수도 있고, 또한 아무런 이름도 갖지 않을 수 있기 때문이다.

라캉은 이 같은 언어 이전의 상태를 상상계라고 부른다. 이러한 상상계에서는 어린 아이는 어머니와 합일의 상태에 있다. 그에게 있어 어머니는 세상의 모든 것이기 때문이다. 줄리엣에게 있어 이러한 상상계의 경험은 유모와의 합일을 이루던 시기일 것이다. 엘리자베스 1세 여왕 시대에는 상류층의 가문에서는 갓난애의 양육은 주로 유모의 몫이었기 때문이다. 줄리엣이 커서도 유모와 돈독한 유대를 유지하는 이유는 바로 여기에 있다. 상상계는 또한 거울 단계라고 부르는 시기를 포함하는데, 거울 단계는 생후 6개월에서부터 18개월까지의 시기이다. 이 시기에 유아는 어머니(줄리엣의 경우에는 유모)와 밀착된 삶을 영위하는 시기이다. 따라서 이 시기의 갓난아이는 자신이 온전한 몸을 가지지 못하고 있음에도 불구하고 어머니와 자신을 동일시함으로써 자신이 완전한 신체를 가졌다고 오인하는 시기이기도 하다. 그러나 이러한 거울 단계, 더 나아가서는 상상계는 갓난애가 언어를 습득하여 언어가 지배하는 상징계에 진입함으로써 끝난다. 갓난애가 상징계에 진입함으로써 그는 어머니와의 합일이 가능하던 삶과 작별하지 않으면 안 된다. 이렇게 됨으로써 그는 어머니를 떠나 아버지와 동일시해야 하는 삶을 영위하게 된다. 이렇게 상징계에서 새로운 삶을 사는 어린애는 (특히 남자 아이는) 오이디푸스 콤플렉스로 대표되는 아버지의 법을 따라야만 한다. 이제 어머니와의 친밀은 금기의 대상이며, 어린애는 아버지의 금지가 작동하는 세계에서 대타자인 언어로 매개되는 사물과 유리되고 소외疎外된 삶을 살 수 밖에 없다. 그러나 줄리엣은 로미오와의 사랑이 유모와의 합일이 이루어지던 언어 이전의 상태로의 귀환이 되기를 열망한다. 이러한 그녀의 열망은 그녀가 "로미오여, 그대의 이름을 벗어/던지시고, 자신의 한 부분도 아닌 그 이름 대신에 저를/송두리째 가져가소서"라고 말하는 것에서 잘 드러난다. 이처럼 줄리엣에게 있어 로미오는 단지 하나의 객체로서의 인물이 아니라 그녀가 정신적으로 그리고 육체적으로 합일할 수 있는 대상인 셈이다.

6. 주이상스는 성적인 동시에 아버지의 금지를 어김으로써 생긴다

이제 우리는 여기서 이 희곡에 대한 몇 가지 의문에 대해 생각해 볼 필요가 있다. 우선 로미오와 줄리엣 두 당사자는 자신들의 가문이 상대 가문과 오랜 동안 원수지간으로 지냈기 때문에 자신들의 사랑이 쉽게 결혼으로 이어지지 못 하리라는 사실을 처음부터 명백히 알고 있었음에도 불구하고 왜 사랑하게 되었는가 하는 점이다. 이에 대해 우선적으로 대답할 수 있는 것은 이들의 사랑 욕동이 죽음 욕동과 밀접히 연관되어 있다는 사실을 지적하는 것이 될 것이다. 앞에서도 언급한 바와 같이 죽음 욕동은 사랑[삶] 욕동이 드러날 때 같이 드러나는 것이기 때문에, 우리가 이들의 사랑 욕동을 보는 것은 또한 이들의 죽음 욕동을 보는 것이 된다는 사실이다. 그러나 이러한 설명으로는 이들이 왜 죽음을 무릅쓰면서까지 사랑을 하지 않으면 안 되는가에 대한 당위성을 명쾌하게 설명하기는 역부족이다. 우리가 이러한 부족감을 느끼는 것은 당연한 일이며, 이들의 사랑/죽음에 대한 설명은 라캉이 주장하는 주이상스라는 개념으로 상당 부분 해소될 수 있을 것으로 생각한다. 그렇다면 라캉이 말하는 주이상스가 무엇인지 살펴보기로 하자.

우선 주이상스라는 단어는 영어로 정확히 번역되는 단어가 없다는 사실을 지적할 필요가 있다.11) 따라서 라캉이 사용한 주이상스라는 단어는 영어로 번역되지 않고 언제나 프랑스 어로만 표기된다. 왜냐하면 주이상스라는 개념은 쾌락pleasure과 비슷한 개념인 듯하지만, 쾌락과 주이상스는 질적으로 다른 개념이기 때문이다. 이 두 개념이 서로 다른 이유는 쾌락과 주이상스의 촉발 요인과 쾌감의 강도強度에 기인한다. 쾌락은 프로이트에 따르면 항상성恒常性, 즉 생체 내의 균형을 유지하려는 경향에 의해 촉발되고 유지된다는 사실이다. 따라서 쾌락이 촉발되면 인간은 긴장을 최소한으로 유지하려고 애쓰게 된다. 그러나 주이상스는 이 같은 쾌락과는 질적으

---

11) Lacan, *Écrits: A Selection*, p. x.

로 다르다. 주이상스는 법, 즉 아버지의 법의 금지의 범위를 넘어서는 것이기 때문에, 쾌락 원리를 초월한다.[12] 그러나 문제가 되는 것은 쾌락 원리를 초월할 경우 쾌락은 즐거움이 아니라 '고통스러운 쾌락'이 된다. 따라서 라캉에 따르면 "주이상스는 고통"이 된다.[13] 역설적이게도 주이상스가 발생하기 위해서는 아버지의 금지가 필연적으로 있어야 하고, 이와 더불어 이러한 아버지의 금지가 범犯해져야 한다. 또한 우리가 잊지 말아야 할 것은 주이상스라는 개념에는 오르가즘과 같은 성적인 개념이 포함되는데, 영어의 즐김, 또는 향유享有, enjoyment라는 단어에는 이런 성적인 개념이 포함돼 있지 않다.[14] 이렇게 볼 때, 로미오와 줄리엣이 경험하고 있는 것은 라캉이 말하는 주이상스의 범주에 드는 것임을 알 수 있다. 이들은 실제적으로 성행위를 함으로써 주이상스를 느끼는 것은 아니지만 (주이상스는 실제적인 성행위에 의해서만 느낄 수 있는 것은 아니다), 이들이 서로에게 느끼는 성애性愛는 주이상스를 일으킬 수 있는 충분조건이 된다. 이에서 더 나아가 이 두 인물의 가문이 서로 원수지간의 관계를 오랫동안 유지하고 있었기 때문에, 그들은 서로 금지된 사랑을 함으로써 아버지의 법을 어기는 셈이 된다. 따라서 이들의 사랑은 단순한 쾌락의 차원을 넘어서는 주이상스가 되는 셈이다.

주이상스의 또 다른 측면은 그것이 언어 이전의 상태를 지칭하는 오이디푸스 기 이전의 경험이라는 사실이다. 줄리엣이 장미를 어느 다른 이름으로 불러도 장미의 향기는 동일할 것이라고 말하는 것에서 알 수 있듯이 이것은 줄리엣이 추구하는 즐거움의 특징이기도 하다. 더구나 장미의 향기

---

12) Lacan, *Écrits: A Selection*, p. x.
13) Lacan, *The Ethics of Psychoanalysis*, p. 184.
14) Evans, p. 91.

라는 묘사에서 알 수 있듯이 이러한 즐거움은 인간의 감각 중에서도 아주 원초적인 후각嗅覺에 기초한 경험으로 성적인 쾌락과 궤를 같이 한다. 이는 인간의 후각은 시각이나 청각에 비해 덜 발달된 감각이라는 사실을 감안하면 알 수 있는 사실이다. 따라서 줄리엣이 경험하는 주이상스는 "아주 격렬하고 감정을 동요시키는 즐거움의 경험"인 셈이다.15) 물론 이러한 주이상스는 줄리엣만 경험하는 것이 아니라 로미오 또한 경험하는 것이기도 하다.

이렇게 볼 때 주이상스에는 근본적으로 피학적被虐的 측면이 있음을 인정하지 않을 수 없다. 그리고 이러한 피학적인 측면은 통합적으로 나타난다. 주이상스의 이러한 측면은 종교적인 법열法悅과 일맥상통함을 알 수 있다. 주이상스가 피학적 법열과 연관을 갖고 있다는 사실은 라캉이 1972-3년 세미나의 불어판 표지에 베르니니Giovanni Lorenzo Bernini, 1598-1680의 작품인 『성녀 테레사의 법열』Ecstacy of St. Teresa이라는 조각彫刻의 사진이 실린 것에서도 잘 드러난다. 루디에즈는 이 조각상의 사진이 이 책의 표지로 사용된 것에 대해 이는 라캉이 주이상스는 여러 차원의 경험이 통합적으로 그리고 동시다발적으로 경험된다고 보기 때문이라고 말한다. 따라서 루디에즈는 "주이상스는 성적이고, 정신적이며, 육체적이고 사유적인 경험이 한꺼번에 그리고 동시에 일어나는 것"이라고 말한다.16) 이렇게 볼 때, 주이상스는 분열된 삶을 사는 주체가 그리워하고 회귀하고자 하는 성적이면서도 정신적인 원초적 경험의 경지인 셈이다. 인간 주체는 언어 기호인 대타자大他者가 지배하는 상징계에 진입하는 순간, 이런 주이상스와의 합일이 단절됨을 경험하지 않으면 안 된다. 로미오와 줄리엣이 이 희곡에서 희구하는 것이 바

---

15) Brooker, p. 147.
16) Kristeva, *Desire in Language*, p. 16.

로 이 같은 원초적인 경험이라는 사실은 그들이 가부장제에서의 아버지의 금기를 얼마나 뼈저리게 경험하고 있는지를 보여준다. 따라서 이들은 고통스러운 쾌락인 주이상스를 통해 이런 원초적인 경험의 경지에 다다르기를 절실히 염원하는 셈이다.

7. 주이상스의 실현으로서의 죽음

로미오와 줄리엣의 주이상스는 아버지의 법을 어김으로써 가능한 것이라면 그것은 하나의 단계에 지나지 않을 뿐, 주이상스의 전부는 아니다. 아버지의 법은 준엄한 것이기 때문에 이들이 아버지의 법을 어겨서 주이상스를 향유하는 것을 아버지의 법은 그저 수수방관袖手傍觀하지는 않기 때문이다. 아버지의 법의 대표적인 것으로 근친상간의 금기가 있는데, 이를 어기는 경우 아버지의 법은 거세라는 극단적인 조치를 취하기 때문이다. 따라서 로미오와 줄리엣이 아버지의 금기를 어기기 때문에 주이상스를 경험할 수 있는 것이라면, 이들은 또한 이러한 금기를 범함으로써 거기에 상응하는 대가를 치러야 한다. 이들에게 있어 이러한 대가는 다름 아닌 죽음이다.

　그렇다면 이들에게 죽음은 어떻게 오는가? 로미오는 티볼트를 죽인 죄로 맨튜어로 유배된다. 로미오의 유배 때문에 슬픔에 젖은 줄리엣을 보고, 이 같은 그녀의 슬픔이 티볼트의 죽음 때문이라고 생각한 그녀의 아버지는 그녀가 패리스 백작과 결혼할 것은 명령한다. 그러나 줄리엣은 이 같은 아버지의 명령에 따를 리가 없다. 다급해진 줄리엣은 로렌스 신부를 찾아가 그녀의 사정을 이야기한다. 줄리엣의 딱한 사정을 들은 로렌스 신부는 그녀에게 다음과 같은 묘안을 제의한다. 그는 줄리엣으로 하여금 그녀의 부모에게 패리스와 결혼하겠다고 말하게 한다. 그러면 패리스와 결혼한 날 저녁에 그녀에게 수면제를 주겠다고 약속한다. 이 수면제는 줄리엣이 마치 죽은 사람처럼 보이게 만드는 약으로, 그 효력은 42시간 지속된다. 그녀는 수면제를 먹고 42시간 동안 가족 납골당에 죽은 것처럼 안장돼 있다가 잠에서 깨어나게 된다. 이렇게 줄리엣이 죽은 것처럼 누워있는 동안 로렌스 신부는 로미오에게 이러한 사정을 알리는 편지를 써서 존 수사로 하여금 이 편지를 전하게 한다. 이러한 소식을 들은 로미오는 맨투어로부터 베로나로 오게 되고, 이렇게 해서 재회한 로미오와 줄리엣은 탈출할 수 있을 것이라고 로렌스 신부는 생각한다.

그러나 세상의 일이 계획한 대로 순조롭게 풀리는 경우는 그렇게 많지 않다. 맨투어로 가게 돼 있던 존 수사는 베로나를 출발하기 전에 역병이 돌아 베로나에서 검역 때문에 격리 수용되지 않으면 안 됐다. 이런 이유로 인해 존 수사는 제때에 맨투어에 도착할 수 없게 된다. 한 편 자신의 하인인 밸서자로부터 줄리엣의 죽음을 귀띔으로 들은 로미오는 줄리엣이 죽었으니 자기도 베로나로 가서 죽기로 마음을 먹는다. 그래서 그는 약사로부터 독약을 산 후 베로나로 출발한다. 베로나에 도착한 로미오는 납골당에 안장돼 있는 줄리엣의 죽음을 확인한 후, 그녀를 마지막으로 포옹하고 나서, 자신이 가지고 있던 독약을 먹고 죽고 만다. 한편, 수면제의 약효가 다한 후 깨어난 줄리엣은 로미오의 손에 들려 있는 독약 컵을 보고 그가 독약을 먹고 죽었다고 추측한다. 로미오의 죽음을 본 줄리엣은 그가 가지고 있던 단검短劍으로 자신을 찔러 자결한다. 이렇게 해서 두 연인은 영원한 작별을 고하게 된다.

그렇다면 우리는 로미오와 줄리엣의 죽음을 어떻게 해석해야 할까? 비록 이 둘의 죽음이 비극적으로 보일지는 몰라도 주인공들에게는 단순한 비극만은 아니다. 이러한 죽음을 <사랑으로 죽기>Liebestod라고 부를 수 있는데, 이는 바그너의 가곡歌曲『트리스탄과 이졸데』Tristan und Isolde의 3막에 나오는 장면 묘사에서 그 이름을 따온 것이다. 따라서 이러한 죽음은 비극적인 종말이라기보다는 오히려 숭고한 사랑의 승화昇華인 셈이다. 중세와 르네상스의 서양 문학에서는 대개의 경우 육체적인 사랑은 죽음에서 그 절정에 이르는 것으로 생각되기도 했는데, 줄리엣이 로미오의 단검으로 자결하는 것은 바로 이 같은 생각을 분명히 드러낸 것이다. 단검이 남근적 상징성을 가지고 있다는 사실을 염두에 둔다면, 줄리엣이 로미오의 단검에 찔려 자결한 것은 그녀와 로미오의 성적 결합을 나타내기 때문이다. 따라서 로미오의 자살은 <사랑으로 죽기>인 셈이다. 이렇게 본다면 그녀의 자살은 "죽음을 통한 결혼"death marriage인 셈이다.[17] 이 같은 줄리엣의 죽음은 그것이 강렬한 만큼이나 강한 성적 충동을 드러낸 것이다. 셰익스피어의 또 다른 작품인 『안토니와 클레오파트라』에서도 이와 비슷한 강렬한 성적 장면이 나오는 것을 볼 수 있다. 클레오파트라는 죽기 위해 독사로 하여금 자신의 젖가슴을 깨물게 한다. 이 장면에서 그녀는 다음과 같이 말한다.

> 죽음의 일격 一擊은 사랑하는 사람에게 꼬집히는 것과 같아서
> 아프기는 하지만 소망스러운 것이로다.
> (『안토니와 클레오파트라』, 5.2.297-8)

이렇게 본다면, 로미오와 줄리엣의 사랑은 그것이 아버지의 금지에 기초한 주이상스이기 때문에 그것의 성취 또한 격렬한 자살로 이어지는데, 이는

---

17) Woodman, p. 209.

곧 이들의 사랑의 강도의 표출이라고 말할 수 있다. 강한 반대는 그와 상응하는 강한 반작용을 불러일으키는 법인데, 이들이 보여준 강렬한 사랑의 표출은 또한 이에 상응하는 강한 아버지의 금지에서 나온다는 사실은 아이러니가 아닐 수 없다.

8. 주이상스의 전복성顚覆性

셰익스피어가 쓴『로미오와 줄리엣』은 그것이 몇 백 년 전에 써졌다고 믿기지 않을 정도로 21세기를 사는 현대인에게도 대단한 흡인력이 있는 희곡이다. 이 같은 이 작품의 호소력은 이 희곡을 현대적으로 각색한 영화에서 잘 드러난다. 이러한 최근의 영화로는 레오나르도 디카프리오가 주연한 루어먼Luhrmann 감독의 『셰익스피어의 로미오와 줄리엣』(1996)이 있으며, 『웨스트 사이드 스토리』(1961) 또한 이 희곡을 현대의 이야기로 새로 각색한 작품이다. 이러한 영화들이 성공할 수 있었던 것은 원작이 가지는 사랑의 강력함에 그 원인이 있다.

그렇다면 이러한 사랑은 도대체 무엇인가? 그것은 라캉이 말하는 주이상스라는 개념으로 설명될 수 있는 역설적인 사랑이다. 주이상스는 우선적으로 아버지의 금지에 의해 발생하는 것으로 이러한 아버지의 금지는 결국은 사랑이 고통스러운 쾌락이 되게 한다. 이러한 고통스러운 쾌락은 주인공들을 죽음에 이르게까지 만드는데, 결과적으로 이들은 사랑이 최고도로 승화된 경지인 <사랑으로 죽기>에 이르게 된다. 이러한 경지는 언어 이전의 경험을 포함하는 것으로 이는 곧 언어로서는 표현이 불가능한 언어도단言語道斷의 경지로서의 주이상스의 본질이기도 하다. 따라서 크리스테

바에 따르면 "주이상스는 상징계의 고리, 금기禁忌, 그리고 종속관계를 끊는 것"이라고 말할 수 있다.[18]

이 같은 주이상스의 특징은 단순히 개인적인 차원에서만 그 효능이 있는 것은 아니다. 주이상스는 사회적인 차원에서도 그 파괴력이 대단히 높다. 주이상스의 이러한 파괴력은 그것이 가지고 있는 전복성의 잠재력에 기인한다. 이 같은 주이상스의 전복성은 이 희곡의 마지막에서 공작, 캐퓰릿, 그리고 몬테규가 만나 순금으로 로미오와 줄리엣의 상像을 세우자고 합의하는 다음과 같은 대화에서 잘 드러난다.

> 캐퓰릿. 아, 몬테규 사돈 영감. 악수합시다.
> 혼수 대신이외다. 어디 이 이상
> 바랄 수가 있겠습니까?
> 몬테규. 허나 그 이상을 드리리다.
> 나는 순금으로 따님의 상을 세우고,
> 베로나가 그 이름으로 알려지는 동안은
> 성실하고 정숙한 줄리엣의 상을 천하제일로
> 찬양 받는 상으로 만들겠습니다.
> 캐퓰릿. 그럼 그와 똑 같이 훌륭한 로미오의 상도 그 아내의 상 곁에 세워
> 우리 반목의 불쌍한 제물들을 추모하겠소.
> 영주. 오늘 구슬픈 평화가 내렸소.
> 태양도 슬퍼서 머리를 내 보이려고 하지 않는구려.
> 가서 이 슬픈 사건에 관해 좀 더 이야기 해 보도록 합시다.
> 어떤 이들은 용서받고 어떤 이들은 벌을 받겠지요.
> 로미오와 줄리엣의 이야기보다 더 슬픈 이야기는
> 이 세상에 결코 없을 것이요. (5.3.295-309)

이렇게 해서 로미오와 줄리엣의 슬픈 이야기는 화해와 용서로 끝을 맺는

---

18) Kristeva, "About Chinese Women" p. 256.

다. 그러나 우리가 명심해야 할 것은 이러한 좋은 결말은 쉽게 얻어진 것이 아니라 이들이 언뜻 보기에 불가항력적이라고 느껴지던 아버지의 금지에 자신들의 온몸을 던졌기 때문에 가능한 것이다. 이 같은 희생은 이들이 경험한 주이상스가 단지 고통스럽기만 한 것이 아니라 전복적이기까지 하다는 사실을 되새길 때에만 가능한 것이다. 이제 이들이 보인 희생정신은 단순히 개인적인 주이상스의 차원을 떠나 베로나의 모든 시민에게까지 확산되어 아버지의 혹독한 금지 자체를 무너뜨린 셈이다.

9. 나가는 말

『로미오와 줄리엣』은 단순히 베로나의 젊은(아니, 어린) 연인들의 이야기로서만 그 의의가 있는 것은 아니다(줄리엣은 이 희곡에서 14세 밖에 되지 않는 어린 나이이다). 이들은 아버지의 이름으로 금지하는 적대 가문의 상대 연인을 만나 자신들의 몸을 사랑을 위해 던진다. 이들이 이렇게 하는 이유는 고통스러운 쾌락인 주이상스 때문이다. 그러나 이러한 주이상스는 단순히 개인의 이기적이고 자족적인 차원에만 머무는 것은 아니다. 이들의 주이상스는 그것이 언어 이전의 경험인 한에 있어서는 상징계의 구속을 무너뜨리는 무서운 전복성을 가지고 있기 때문이다. 이들이 죽음으로서 두 가문은 화해하고 베로나에는 비로소 평화가 깃들게 된다. 주이상스가 힘을 발휘하는 것은 그것이 이처럼 순수하고 승화된 경험일 때에만 가능하다. 이 희곡은 바로 이 같은 주이상스의 순수성이 아버지의 금지를 붕괴시켜 장애 없는 사랑이 어떻게 보편적인 가치로 전파될 수 있는가를 보여준다는 측면에서 아주 위대한 작품이다.

4
....
『나사의 조임』과 읽기 전략

1. 시작하는 말

헨리 제임스의 중편 소설 『나사의 조임』은 그것이 책으로 1898년에 출간된 (이 소설은 책으로 출간되기 전에 잡지에 연재됐었음) 이래로 놀라울 정도로 많은 연구가 이루어진 작품이다. 이 같은 사실은 부스의 다음과 같은 말에서 잘 드러난다.

> 몇몇의 장편 소설들은 그들에 대해 논한 출간된 비평 논문의 수라는 측면에서 볼 때 이 소설(『나사의 조임』)을 능가할 지도 모른다. 그러나 단편 소설 중에서는 이 소설이 단연 왕이다. 영어로 써진 비평의 수만 세어도 책과 논문이 500 편이 훨씬 넘는데, 나는 숫자를 세다가 지쳐서 그 정도에서 세기를 그만두었다. 이 소설이 10여 개 이상의 언어로 번역됐으므로, 이 소설에 대한 비평을 다 읽으려면 아마도 평생을 읽어도 끝이 없을 것이다.[1]

이 같은 부스의 말은 이 소설이 출간된 지 100년이 훨씬 지난 작품이라는 사실을 염두에 둔다면 정말로 놀라운 사실이 아닐 수 없다. 바이들러의 다음과 같은 말은 이 같이 끈질긴 이 소설의 생명력이 어디에 있는가를 잘 드러낸다.

> 『나사의 조임』은 비평가들에게 있어서는 하나의 카멜레온적인 텍스트로 남아 있다. 이 소설은 어떤 종류의 읽기를 하느냐에 따라 각기 다른 상황에 맞추어 그 색깔을 달리해 왔다. 독자가 누구냐에 따라 이 소설은 포우의 전통을 따르는 고딕 소설이 될 수도 있고, 호손의 전통을 따르는 낭만적인 얘기일 수도 있으며, 하울스의 전통을 따르는 사실주의적인 소설일 수도 있다. 이 소설은 성적 억압을 다룬 프로이트적인 이야기일 수도 있으며, 선과 악에 대한 알레고리일 수도 있으며, 살인과 사기에 관한 탐정 소설일 수도 있으며, 어린애들의 양육에 경각심을 환기시키는 소설일 수도 있으며, 이 소설을 쓴 작가에 대한 알려지지 않은 사실을 드러내는 것일 수도 있다. 이 소설은 유령 연구에 대한 과학적인 연구에 관해 소설가가 가진 지식을 드러낸 것일 수도 있으며, 이런 지식을 그 자신이 배척하는 것일 수도 있다. 또한 이 소설은 작가가 살던 시대의 사회적인 구조에 대해 그가 동의하는 것일 수도 있으며, 또한 반대하는 것일 수도 있다. 이 소설은 마르크스적인 의견 표시일 수 있으며, 페미니스트적인 의견의 개진일 수도 있고, 동성애적인 의견의 표출일 수도 있다. 이처럼 『나사의 조임』에 대해 출간된 해석이 광범위하기 때문에 비평가들은 자신들의 논문에서 그들이 논의하고자 하는 소설의 작가의 이름이나 소설 제목을 굳이 쓰지 않아도 된다고 느낄 정도가 되었다. 단지 「블라이 장원의 미스테리」라고만 써도 많은 독자들에게 이 논문이 헨리 제임스의 『나사의 조임』에 대한 것임을 드러내는 것이 된다.2)

위의 두 인용문에서 드러난 바와 같이 이 소설은 대단히 많은 독자의 관심

---

1) Booth, p. 163.
2) Beidler, "About This Volume," in James, *The Turn of the Screw*, pp. viii-ix.

의 대상이 돼 왔으며, 또한 읽기에 따라 그 색깔을 달리하는 텍스트가 되었다. 이러한 상황에서 우리는 섣불리 이 소설 읽기에 착수하기가 매우 힘들게 되었다. 이제까지의 비평만으로도 이 소설에 대한 비평은 충분하고도 넘치는 상황이 되었기 때문이다. 그렇다면 우리는 이 소설을 읽는 새로운 시도를 할 필요가 없는 것인가? 이에 대한 우리의 답은 '아니요'이다. 이 소설이 이처럼 많은 해석과 비평을 생산하는 계기를 제공했다면, 이는 곧 이 소설에는 소진되지 않는 생명력이 있음을 의미한다. 이제 우리는 이 같은 사실을 염두에 두면서, 이 소설의 생명력이 어디에 있는 것인가를 새로 점검할 필요가 있다.

2. 알튀세와 그람시의 이론으로 읽기

『나사의 조임』을 읽는 데 있어 알튀세와 그람시의 이론에 유의하는 이유는 이들이 내세우는 이데올로기에 대한 새로운 해석이다. 우선 알튀세를 보기로 하자. 알튀세는 이데올로기를 경직되고 억압적인 통치 장치로만 보지 않는다. 그는 이데올로기를 작동시키는 장치를 억압적 국가 장치repressive state apparatuses, RSAs와 이념적 국가 장치ideological state apparatuses, ISAs로 양분한다. 억압적 국가 장치는 힘에 의해 국가 이데올로기를 유지시키는 장치로 이러한 장치의 대표적인 예로는 형사刑事 제도, 경찰, 그리고 군대가 이에 속한다. 이러한 국가 제도는 국가의 이데올로기를 유지하는 일종의 하드웨어라고도 말할 수 있다. 이념적 국가 장치는 이 같이 강압적이고 억압적인 국가 장치와는 달리 일종의 소프트웨어로 작동하는 이념적 장치이다. 우리의 일상생활을 이루는 거의 모든 장치들이 이념적 국가 장치에 속하는 것으로,

종교, 법제도, 교육, 가정, 문화, 그리고 의사소통 체계 등이 이념적 국가 장치에 속한다. 따라서 사회의 구성원들은 이러한 장치들이 이념적 국가 장치라는 사실 자체를 인식하지 못하고 살고 있는 셈이다. 이러한 이념적 국가 장치의 불가시적인 성격에 대해 이글튼은 이렇게 말한다.

> 이런 의미에서 이데올로기는 교회에 가는 일, 투표하는 일, 여성으로 하여금 문을 먼저 통과시키는 일 등을 포함한다. 이데올로기는 내[이글튼]가 영국 왕정에 대해 지니고 있는 깊은 충성과 같은 의식적인 기호嗜好를 포함할 뿐만 아니라, 내가 어떤 복장을 하고 있으며 어떤 차를 몰고 있고 나의 무의식 속에 타인과 내 자신에 대해 어떤 이미지를 가지고 있는지 까지도 포괄한다.3)

이렇게 볼 때 이데올로기란 우리가 생각하는 것처럼 그렇게 거창하고 추상적인 것이라기보다는 일상생활을 작동시키는 원리인 동시에 또한 우리의 일상생활 그 자체이기도 한 셈이다. 그렇다면 우리는 이런 관점에서 이 소설에 나오는 여자 가정교사를 살펴볼 필요가 있다.

그녀는 고아인 마일스와 플로라를 가정에서 돌보고 교육시키는 인물이다. 따라서 그녀는 이들에게는 대리모이며 또한 교사인 셈이다. 그렇다면 그녀는 알튀세가 말하는 이념적 국가 장치로서의 가정과 학교라는 장치에서 중심적인 위치에 있는 인물인 셈이다. 따라서 사회[또는 이데올로기]는 그녀를 이러한 이념적 장치에 봉사하도록 호명呼名, interpellation한 것이다. 알튀세는 호명이라는 용어에 특별한 의미를 부여한다. 그에 의하면 "모든 이데올로기는 구체적인 개인을 구체적인 주체로 호명한다."4) 이렇게 되면 "사

---

3) Eagleton, *Literary Theory: An Introduction*[1983], p. 172.
4) Althusser, "Ideology and Ideological State Apparatuses," p. 245.

회는 나에게 비인간적인 구조가 아닐뿐더러 사회가 하나의 '주체'로서 나를 개인적으로 호명하게 된다."[5] 따라서 이 소설에 나오는 가정교사는 자신에게 맡겨진 일이 하나의 의무라기보다는 개인적으로 맡겨진 일이기라도 한 것처럼 개인적인 소명감을 가지고 충실히 수행하게 된다.

이 소설에 나오는 인물 중 이상하게도 두 명만은 이름이 드러나지 않는다. 그 하나는 이 장원의 주인이지만 런던에 살고 있는 남성 인물이며, 또 다른 하나는 여자 가정교사이다. 우리는 왜 이들 두 사람의 이름을 작자가 밝히지 않았는지에 대해 추측해 볼 수 있다. 남자주인의 이름을 드러내지 않음으로써 작자는 그에게 신비감을 주고, 이러한 신비감은 그의 위력을 더욱 높여주는 효과가 있다. 따라서 그는 드러나지 않지만, 드러나지 않음으로써 오히려 그의 위력은 더욱더 높아진다. 그는 가부장적 권력의 중심에 있기 때문에 그 자신의 소재가 파악되지 않고 이름이 드러나지 않음으로써 그에 대한 두려움은 더욱 더 가중된다. 가부장제가 '아버지의 이름'이라는 두려움으로 작동하는 체제라는 사실을 염두에 둔다면, 부재하는 남자 주인의 위력은 그의 익명성에 의해 더욱더 공고해지는 셈이다.

남자 주인의 익명성이 가부장적 위계질서 안에서 이처럼 위력을 발휘하는 것이라면, 여자 가정교사의 익명성이 그와 똑같이 위력을 발휘하기 위한 장치인지에 대해서는 의문의 여지가 있다. 왜냐하면 가정교사의 행동거지가 모두 자세하게 노출되는 상황에서 그녀의 이름이 거명되지 않는다는 것은 행위자의 행동 자체에 대한 신뢰도와 가치가 의심받을 수 있기 때문이다. 그녀의 익명성은 곧 그녀 자신의 신뢰도와 직접적으로 연결되는 것이기 때문에 비록 그녀가 구체적으로 어떤 행동을 취하더라도 그녀는

---

5) Eagleton, *Literary Theory: An Introduction*[1983], p. 172.

자기 자신의 행동에 대해 책임을 지지 않는다는 인상을 준다. 이는 마치 하나의 법적인 문서에 서명이 빠짐으로서 그러한 문서 자체의 법적 효력이 무효화되는 경우를 생각해보면 잘 알 수 있다. 따라서 그녀의 익명성은 빅토리아 여왕 시대의 남성 중심적인 가부장제 사회에서 주체로서의 그녀의 위치와 무게가 얼마나 허술했는가를 보여주는 아주 단적인 예라고 말할 수 있다. 이는 당시 여성이 가정에서 담당하는 자녀 교육 및 이데올로기의 보존자로서 막중한 위치를 차지하고 있음에도 불구하고 여성은 단지 남성의 부속물이거나 성적 대상일 뿐이라는 사실을 극적으로 보여주는 예가 될 것이기 때문이다. 당시 젊은 여자에게 열려 있는 사회 진출의 길은 가정교사가 거의 유일한 것이었는데, 여자 가정교사의 위치는 하인보다는 높은 것임에도 불구하고 그렇다고 해도 상류층에 속하는 것은 아니었다.

익명의 여자 가정교사와 대조되는 인물로 우리는 그로우스 부인을 주목하지 않을 수 없다. 그녀는 교육 수준이 낮으며, 하녀이기 때문에 가정교사보다는 계급적으로 낮은 위치에 있다. 그러나 그녀의 이름이 공공연히, 그리고 당당히 드러나는 것으로 보아 그녀는 집안에서 확고한 위치를 차지하고 있다. 가정교사의 행동 반경이 좁은 것과는 달리 가정부인 그로우스 부인의 책임 영역은 훨씬 포괄적이다. 이렇게 볼 때 그로우스 부인은 결과적으로 사회적인 지위가 높은 가정교사보다는 오히려 높은 지위를 누리는 것으로 볼 수 있다.

가정교사의 위치가 취약하다는 사실은 그녀가 주인에게 보인 성적인 관심에서 잘 드러난다. 그녀는 블라이 장원에 오기 전 주인과 면담한 적이 있다. 그녀는 사회적인 신분으로 볼 때 그와 결혼이 가능할 만큼 상위 계층에 속하지 않음에도 불구하고 그에 대해 애모의 감정을 가지고 있다. 더구나 그녀가 그를 마주 대한 것은 아주 짧은 시간이었고, 또한 그가 그녀에게 이성으로서 매력을 느끼고 있다는 하등의 언질이나 표시가 없었음에도 불구하고 그녀는 일방적으로 그에게 연정을 느끼고 있다. 더구나 그는 자신에게 집안에서 일어나는 어떤 일에 대해서도 편지로 보고하지 말 것을 가정교사에게 분명히 언명한 터에 그녀의 이 같은 연정은 자랄 수 있는 근거를 상실하고 있는 셈이다. 이렇게 볼 때 그녀가 주인에 대해 연정을 느끼는 것은 그녀 자신이 정상적인 심리 상태에 있지 않음을 드러내는 것이거나, 그렇지 않으면 그녀가 스스로 남성의 종속적인 부속물이 되기를 자청하는 것으로 해석할 수 있다. 물론 빅토리아 여왕 시대의 엄격한 신분 제도 하에서는 미혼 여성의 사회적 입지가 아주 제한적이었기 때문에, 미혼 여성이 가지고 있던 사회적인 신분 상승의 기회는 대단히 제약적이었다는 것은 익히 알려진 사실이다. 이런 상황에서 신분이 낮은 여성이 신분이 높은 남성과 결혼함으로써 신분 상승을 이루는 경우는 없지는 않았으나, 그리 흔한 것은 아니었다. 이렇게 볼 때 가정교사가 주인에게 품고 있는 연정(?)은 망상이거나 환상이라고 말하는 것이 타당할 것이다. 이러한 허구적인 망상을 가정교사가 품고 있다는 사실은 역으로 말하면 당시의 사회 구조가 여성에게 대단히 폐쇄적이고 억압적이었음을 반증하는 예가 된다.

가정교사가 주인에 대해 품고 있는 이 같이 망상적인 연정은 그람시가 주장하는 헤게모니 이론으로 설명될 수도 있다. 그람시가 주장하는 헤게모니는 부르좌가 노동계급에 대해 행사하는 통제를 말하는 것이다. 이 경우 통제는 단지 폭력이나 협박에 의해 이루어지는 것이 아니라 노동자의 동의에 의해 이루어진다고 그람시는 지적한다. 따라서 어떤 이데올로기가 사회 체제로 정착하기 위해서는 지배 계급의 이데올로기가 폭력이 아니라 피지배 계급의 동의에 의해 받아들여져야 함을 전제로 한다. 이러한 동의는 단지 미온적인 것이 아니라 적극적인 것이다. 이렇게 볼 때 가정교사가 주인에 대해 품고 있는 망상적인 연정은 주인으로 대표되는 빅토리아 여왕 시대의 가부장적인 이데올로기에 대한 일종의 광적(?)인 동의라고도 해석할 수 있다. 이 시대의 사회 체제가 경직되고 억압적일 수록 오히려 이에 대한 동의 또한 더욱 더 광적일 수 있다. 가정교사가 주인에게 가지고 있는 거의 비정상적인 연정은 이런 측면에서 이해할 때 좀 더 설득력 있는 참조 틀을 제공할 수 있다.

3. 이 소설을 어떻게 읽을 수 있을까?

그렇다면 이제 우리는 이 소설을 어떻게 읽을 것인가에 대해 생각해 볼 필요가 있다. 이 소설 읽기에서 지금까지 가장 중요한 논란의 대상이 된 것은 가정교사가 목격한 것으로 돼 있는 두 명의 유령에 대한 해석이다. 그 하나는 블라이 장원의 하인으로 있던 퀸트라는 남자이고, 또 다른 하나는 전임 여자 가정교사이다. 이 둘은 지금은 죽었기 때문에 현존 인물이 아니지만, 이들은 마일스와 플로라와 접촉하기 위해 나타난다고 가정교사는 믿고 있다. 그런데 이상한 것은 가정교사만이 이 유령들을 목격할 뿐, 같은 집에서 생활하고 있는 가정부인 그로우스 부인도 이들을 목격한 적이 없다는 사실이다. 이러한 상황 하에서 논란의 핵심은 우선은 [1] 유령의 존재 여부에 대한 진위이며, 이와 연관하여 유령의 존재가 사실이 아니라면 [2] 가정교사는 정신이상자가 아닌가 하는 문제이다. 이 두 가지 문제는 서로 밀접하게 연관된 것으로 이 중 한 가지 문제에 대한 답은 다른 문제에 대한 답의 실마리가 된다.

　이 소설을 읽는 데 있어 논란의 중심이 이처럼 두 가지의 핵심 사항으로 좁혀졌음에도 불구하고 이러한 쟁점 사항을 해결할 수 있는 방법이 찾아진 것은 아니다. 왜냐하면 우리가 어떤 방법을 택하느냐에 따라 이러한 문제에 대한 해답이 달라질 수 있기 때문이다. 이와 연관하여 우리는 이 소설을 읽는 방법에 대해 부스가 제시한 세 가지 방법에 유의할 필요가 있다. 그는 이 소설을 읽는 방법으로 다음 세 가지를 제시한다. 이들은 [1] 곧이곧대로 읽기, [2] 삐딱하게 읽기, 그리고 [3] 수수께끼(퍼즐)처럼 읽기이다.6) 이러한 세 가지의 읽기 방법은 유령이 실제로 존재하는가 그렇지 않으면 그것은 단지 화자의 상상의 산물인가에 대한 질문에 대한 해답을 찾는 과정에서 그 진가가 드러난다. 이 소설을 곧이곧대로 읽을 경우 독자는 이 소설에 나오는 묘사를 액면 그대로 받아들여 유령의 존재를 글자 그대로 인정하게 된다. 그러나 삐딱하게 읽을 경우 우리는 여러 가지의 읽기를 수행할 수 있다. 따라서 이러한 삐딱하게 읽기를 할 경우 "가정교사가 본 유령은 그녀 자신의 내면에 있는 갈등의 표출이며, 그녀의 성에 대한 인식을 드러내는 것이고, 그녀가 느끼고 있는 책임감에 대한 불안을 드러내는 것"이 된다.7) 그러나 이 소설을 수수께끼처럼 읽을 경우 그것은 위의 두 가지 읽기와는 좀 다른 읽기가 된다. 이러한 읽기를 통해 제임스는 "유령이 실제로 존재하기도 하고 또한 존재하지 않기도 한 묘사를 통해 독자로 하여금 작중 인물들의 심리 상태와 특히 서술자의 신념과 행동을 생각해보도록 부추긴다는 점"을 알게 된다.8)

---

6) Booth, p. 169.
7) Markley, p. 200.

유령이 실제로 존재하는가의 여부에 대한 논쟁은 제임스가 이 소설을 쓰던 19세기 말에는 아주 중요한 논쟁의 주제이긴 했을지 모른다. 그러나 100년 이상의 세월이 지난 지금에 와서는 이 문제는 괴기 소설의 주제가 될 수는 있을지 모르지만, 진지하게 논의 될 정도의 주제가 되지는 못한다. 따라서 이 소설에 등장하는 유령의 존재에 대해서는 그것이 존재할 수도 있고 동시에 존재하지 않을 수도 있다는 논지로 그 입장이 거의 정리된 상태이다. 이렇게 해서 유령의 존재에 대한 논쟁이 거의 그 중요성을 상실한 현재의 상황에서 우리에게 남겨진 읽기 방법은 위에서 소개한 세 가지의 읽기 방법 중 두 번째와 세 번째의 읽기를 혼합한 것이 될 것이다. 이렇게 함으로써 우리는 가정교사가 가지고 있는 심리적 갈등, 성적 인식, 그리고 그녀가 느끼는 책임에 대한 중압감 등을 종합적으로 고찰할 수 있게 된다.

4. 『나사의 조임』의 심리적 읽기

이 소설이 출간되고 나서 이를 읽는 방법의 대세는 유령의 존재 여부가 주 관심사였다. 이런 비평의 흐름을 획기적으로 바꾼 사람은 에드먼드 윌슨이 었다. 이 같은 읽는 방법의 변화는 그가 발표한 「헨리 제임스의 모호성」이 라는 논문에서 드러난다. 그는 이 논문의 서두에서 이렇게 말한다.

> 헨리 제임스의 모호성에 대한 논의는 『나사의 조임』에서 시작하는 것이 적절할 것이다. 이 소설은 [중략] 우리 눈에 보이는 명백한 공포 뒤에 또 다른 공포를 숨기고 있는 듯하다. [중략]. 이 이론에 의하면 이 소설의 서술자인 가정교사는 성적인 억압에 기인하는 신경증을 가지고 있으며, 유령은 진짜

---

8) Markley, p. 200

유령이 아니라 가정교사가 본 환상이라고 할 수 있다.[9]

이 같은 윌슨의 주장은 이제까지의 비평에서 논란의 대상이 돼 왔던 유령의 존재에 대한 논쟁에서 탈피하여 가정교사의 심리를 논의의 대상으로 하게 되었다는 획기적인 전환점을 제공했을 뿐만 아니라, 이 소설의 모호성에 유의함으로써 소설 텍스트의 중요성에 대한 관심을 불러 일으켰다. 이 같은 전기轉機는 이제까지 이 소설을 읽던 방식을 획기적으로 변화시켰다는 관점에서 볼 때 대단한 전환점이 된 셈이다.

월슨의 이러한 주장이 이 소설을 읽는 방향의 큰 흐름을 바꿨다는 점에서 큰 의의가 있다면, 바이들러의 「가정교사와 유령」이라는 논문은 이 소설이 출간됐을 당시의 독자들이 이러한 가정교사의 신경증의 원인이 어디에 있었다고 생각했는가를 드러낸다는 측면에서 아주 중요한 논문이다. 바이들러가 제시한 자료는 1898년 10월 28일에 W. H. 마이어스가 그의 친구인 올리버 로지에게 쓴 편지이다. 마이어스는 영국의 심리 연구 학회의 창립 회원이며 또한 이 학회의 가장 적극적인 연구자이기도 했다. 그는 당시 유령의 출현에 대해 조사하는 권위자 중의 한 사람이었다. 마이어스와 헨리 제임스는 친구이기도 했다. 마이어스가 『살아있는 사람의 유령』이라는 책을 출간하자 제임스는 이 책을 사서, 그가 후에 『나사의 조임』을 쓸 때에 이를 참고하기도 했다.[10] 이 소설이 잡지에 연재가 끝나고 책으로 출간된 것은 같은 해 10월 5일이었다. 마이어스는 이 편지에서 이렇게 쓰고 있다.

---

9) Wilson, p. 115.
10) Beidler, "The Governess and the Ghosts," p. 97.

헨리 제임스는 전원생활을 묘사한 아주 박진감 넘치는 소설을 썼네. [중략]. 이 소설의 남자 주인공과 여자 주인공은 착하고 귀여운 두 명의 아이들일세. [중략]. 어린 여자 아이는 완전히 모습을 드러내지 않은 창녀 같은 이전의 여자 가정교사에 대해 동성애적인 사랑을 느끼고 있네. 그리고 (학교에서 외설스런 행동을 했기 때문에 퇴학을 당한) 사내아이는 완전히 모습을 드러내지 않은 행실이 나쁜 하인의 유령에 대해 동성애적인 욕망을 느끼고 있네. 이러한 이야기는 (착하고 도덕적으로 나무랄 데 없는) 여자 가정교사가 박진감 있고 진지하게 서술하고 있네. 하인은 예전의 여자 가정교사를 유혹했는데, 그녀는 임신 중에 죽었고, 하인도 자신이 동성애의 욕망을 충족시키던 남자에 의해 살해당한 것이 확실하네. 이 같이 간단한 이야기의 기둥 줄거리를 기초로 하여 놀랄만하고 비극적인 장면이 축조되었네. 이 유령들의 주요 관심사는 이 아이들을 지옥으로 데려가고자 하는 성적인 욕망일세.[11)

마이어스의 이 편지는 다음 몇 가지 측면에서 우리가 이 소설을 읽는 데 아주 중요한 단서를 제공한다. 이 편지가 중요한 이유는 마이어스가 이 소설이 출간됐던 당시의 영국에서 유령의 출현에 대해 직접 관여하여 조사하던 인물이라는 점이다. 따라서 그가 지금의 여자 가정교사를 "착하고 도덕적으로 나무랄 데 없다"고 묘사했다는 사실은 그녀가 정신적으로 아무런 하자瑕疵가 없을 뿐더러 또한 도덕적으로도 아무런 흠결이 없음을 분명히 했다는 점이다. 물론 그가 죽은 하인과 여자 가정교사의 유령이 실재하는 것으로 믿는 것은 지금의 관점에서 볼 때는 좀 비과학적이긴 하지만, 그의 유령의 실재에 대한 이런 견해가 나온 19세기 말에는 유령의 출현이 거의 사실로 여겨지던 때이다. 따라서 우리는 마이어스가 아무리 과학적인 성향이 있었던 인물이라 하더라도 자신이 살던 시대의 통념을 뛰어넘기는

---

11) Beidler, "The Governess and the Ghosts," p. 96.

쉽지 않았을 것으로 추측할 수 있다.

이러한 사소한 오류를 간과한다면 마이어스의 이 편지는 대단히 중요한 점을 지적하고 있음을 인정하지 않을 수 없다. 그것은 죽은 하인과 여자 가정교사가 동성애자였으며, 또한 마일스와 플로라가 이들과 동성애적인 관계를 가졌다는 사실을 그가 가정하고 있다는 점이다. 이러한 점을 지적한 마이어스가 제임스가 살던 시대의 지성인이었고 전문적인 지식을 가진 인물이었다는 사실을 고려한다면 이 같은 그의 지적은 우리가 이 소설을 읽는데 있어 중요한 참조 자료가 아닐 수 없다.

물론 우리는 이 같은 마이어스의 의견을 글자 그대로 받아들일 필요는 없다. 그러나 그가 퀸트와 미스 제설이 아이들과 동성애적인 관계, 좀더 정확히 말한다면 이들이 어린 아이들과 소아성애적인 관계를 가졌다는 사실은 심각한 문제를 제기한다. 동성애적인 관계가 성인들 사이에서 행해지더라도 이는 심각한 사회 문제일 터인데, 퀸트가 마일스와 남색男色 행위를 했다면 이는 보통 일이 아니기 때문이다. 이러한 퀸트와 마일스와의 남색 행위가 심각하게 받아들여지는 더 큰 이유는 이들 사이 존재하는 사회적인 신분의 차이 때문이다. 퀸트의 남색 행위는 단지 성적인 행위로만 끝나는 것이 아니라, 그가 하인으로 일하고 있는 블라이 장원의 사회적인 위계질서 자체를 붕괴시키기 때문이다. 미스 제설과 플로라와의 동성애적인 관계 역시 이런 위계질서를 전복시키는 것은 마찬가지로 심각한 문제가 된다.

그러나 이들의 이러한 동성애적 관계가 이 소설에 분명히 묘사돼 있지 않다는 사실은 이 소설 읽기를 더욱 더 모호하게 하는 원인이 됨과 동시에 이 소설의 흥미를 높이는 요소로 작용한다. 가정교사가 우선적으로 우려하는 것은 이들의 유령이 출현하여 아이들을 유혹한다는 사실일 것이다. 그러나 유령의 출몰을 목격한 사람은 가정교사 이외에는 아무도 없다는 사실을 고려한다면 유령이 나타난 것은 단지 가정교사의 상상 속에서만 가능한 것이 아니었나 생각하게 된다. 이 경우 우리는 왜 가정교사가 유령이 출현했다고 생각하게 되었으며, 이러한 그녀의 우려가 어디에 근거하는지를 살펴볼 필요가 있다.

가정교사는 햄프셔 지역 목사의 딸이며,[12] 나이는 이제 갓 20세 밖에 되지 않은 어린 여성이다. 그녀의 이 같은 성장 과정으로 미루어 볼 때, 그녀는 성적으로 순수하고 순진할 뿐만 아니라 높은 수준의 도덕적 가치관을 가지고 있음을 짐작할 수 있다. 이렇게 볼 때 그녀는 성性에 대해 보수적이며 경직된 견해를 가진 전형적인 빅토리아 여왕 시대의 처녀임에 틀림없다. 또한 그녀는 이전에 가정교사의 경험이 전혀 없기 때문에 처음 맡은 아이들에 대해 대단히 강한 책임감을 가지고 있음을 쉽게 짐작할 수 있다. 이 같은 사실은 이 여자 가정교사에 대해 알고 있는 더글러스가 이 소설의 도입부에서 하는 다음과 같은 말에서 잘 드러난다. 그는 "그녀[가정교사]는 내 누이동생의 가정교사였답니다"고 말하면서, "내가 여태 알았던 가정교사라는 직업을 가진 여자 가운데 가장 마음에 드는 사람이었죠"라고 마음을 털어놓는다.[13] 이러한 상황에 있는 가정교사에게 유령의 출현은 예상 밖의 일일뿐만 아니라 더구나 이들이 아이들과 동성애적인 관계를 가졌다는 것은 상상을 불허하는 일이 된다.

블라이 장원의 가정교사가 된 후 그녀는 남자 유령의 출현을 경험하게 된다. 그러나 그녀는 처음에는 그가 누구이며 또한 어떤 사람인지 알지 못한다. 그 후 그녀는 가정부인 그로우스 부인에게 물어 그가 본 유령이 죽

---

12) James, *The Turn of the Screw*, p. 25.
13) James, *The Turn of the Screw*, p. 23. 최경도 10쪽.

은 하인인 퀸트였음을 알게 된다. 퀸트는 전임 가정교사였던 미스 제설과
도 성적으로 불미스런 관계를 가졌었음을 그로우스 부인은 그녀에게 알려
준다. 그로우스 부인의 말을 종합해 보면 다음과 같다. 미스 제설과 퀸트
는 둘 다 악명이 높았다. 미스 제설은 숙녀였지만, 퀸트는 "개"였다.[14] 여
기서 그루우스 부인이 그를 개라고 부른 것은 그의 성적인 성향과 편력을
지칭하는 것이다. 그는 신사가 아니었다. 그는 자기가 원하는 것을 무엇이
든지 했는데, 이것은 미스 제설이 원하는 것이었다고 그로우스 부인은 말
한다.

퀸트와 미스 제설과의 관계가 성적으로 난잡한 것이었다면, 그와 마일
스와의 관계는 분명하게 묘사되지는 않았지만 소아성애의 관계였다고 가
정교사가 추론할 수 있는 충분한 근거를 제공한다. 이 같은 사실은 가정교
사와 그로우스 부인과의 다음과 같은 대화에서 드러난다.

> "마일스가 그 사람[퀸트] 얘기를 한 적이 없다는 게요?"
> "정말이지 한 번도 언급한 적이 없었어요. 그리고 당신[그로우스 부인]이 내
> 게 말했죠. 그들이 '절친한 친구'였다고." [중략]
> "그건 퀸트 혼자의 망상인 걸요. 아이를 희롱하고 망쳐 놓았으니." 부인은
> 잠시 말을 멈추었다 덧붙였다. "퀸트는 정말 제멋대로 굴었거든요." [중략]
> "내 아이[마일스]에게 제멋대로 굴었단 말이에요?"
> "누구에게나 그랬죠!"[15]

그로우스 부인과 가정교사의 이 같은 대화로 미루어 보아 퀸트와 마일스
와의 관계는 소아성애적 관계임을 추론하기는 그리 어려운 일이 아니다.

---

14) James, *The Turn of the Screw*, p. 57.
15) James, *The Turn of the Screw*, pp. 49-40. 최경도 64쪽.

퀸트와 마일스와의 사이에 이처럼 상상을 불허하는 패륜적인 관계가 있었다는 결론에 도달한 가정교사는 자신에게 맡겨진 막중한 책임을 느끼면서 마음속으로 다음과 같이 다짐한다.

어떻게 이야기해야 내 정신 상태를 신뢰할 만하게 그릴 수 있을지 모르겠다. 하지만 이즈음 나는 상황이 내게 요구한 영웅심이 놀랍도록 솟구친 데서 생생한 환희를 맛보고 있었다. 이제 내가 맡은 일이 훌륭하고도 어려운 것임을 알았다. 그리고 다른 많은 여자들이 실패할 수도 있는 일을 내가 성공적으로 할 수 있다는 점을 돋보이게 하는 것이―바로 적절한 장소에서― 낫지 않겠는가! 나의 일을 막중하고도 단순하게 여긴다는 것이 엄청난 도움이 되었고, 돌이켜보면 나 자신을 칭송하기까지 했다고 고백하련다! 나는 세상에서 가장 외롭고 사랑스러운 어린아이들을 보호하고 지켜주기 위해 그곳에 있었으며, 아이들의 가련한 처지가 갑작스레 너무나 뚜렷이, 이들에게 헌신하려는 내 마음에 깊고 지속적인 아픔이 되었다. [중략]. 아이들에겐 나밖에 없었고, 나에겐 그들만이 전부였다. [중략]. 나는 보호막이 되어 아이들 앞에 서야 하며, 내가 지켜볼수록 이들이 위험에 적게 노출되리라.16)

이 같은 가정교사의 다짐은 대개의 경우 가정에서 아이들을 양육하는 어머니가 가지는 마음가짐이다. 그녀가 이렇게 결심하는 것은 그녀 자신이 대리모로서의 가정교사의 역할을 충실히 수행함으로써 자기의 책임 하에 있는 아이들을 어머니의 사랑과 책임으로 돌보겠다는 것을 분명히 드러내는 것이다. 따라서 가정교사인 그녀는 단순한 직업인으로서의 책임에만 머무는 것이 아니라 당시의 이데올로기를 가정에서 지키며 교육하는 파수꾼임을 자처하는 셈이다.

가정교사는 퀸트가 어떤 최후를 맞았는가를 그로우스 부인으로부터 자

---

16) James, *The Turn of the Screw*, pp. 51-52. 최경도 68쪽.

세히 들음으로써 자신의 책임의식을 더욱 더 굳히게 된다.

> 이 사악한 시간은 어느 겨울 새벽, 일을 나가던 일꾼이 마을로 뻗은 길 위에서 피터 퀸트가 돌처럼 죽어 있는 것을 발견했을 때 종말이 찾아 왔다. 이 재앙은 적어도 표면상으로는 그의 머리에 있던 눈에 띄는 상처가 원인이었고, 그 상처는 술집에서 나오다 어둠 속에서 길을 잘못 들어, 얼음 깔린 가파른 비탈길에서 손을 쓸 겨를도 없이 미끄러져 바닥에 쓰러져버린 모습에서—결국 따져 보니 사실이었지만—유추되었다. 실제로 수사와 무수한 입방아 끝에 모든 것이 해명되었지만, 한밤에 술에 취해 잘못 접어든 얼음 깔린 비탈길이 많은 사실을 밝혀주었다. 하지만 이 남자의 삶에는 괴이한 행로와 위험, 남모르는 혼란과 의심할 여지없는 해악 같은 문제들이 있었고, 이것이 더욱 많은 사실을 설명할 수 있었다.[17]

화자는 퀸트의 죽음을 묘사하면서, "이 남자의 삶에는 괴이한 행로와 위험, 남모르는 혼란과 의심할 여지없는 해악 같은 문제들이 있었다"고 말함으로써 퀸트가 술집에서 단지 술만 마신 것이 아니라 동성애적인 관계를 가졌음을 암시한다. 이는 그가 "이것이 더욱 많은 사실을 설명할 수 있었다"라고 결론지은 것에서도 드러난다. 따라서 퀸트가 추운 겨울 길에서 객사한 것은 자신이 지은 추악한 죄에 대한 천벌인 셈이다.

5. 가정교사의 무의식의 투사, 그림자, 그리고 분신

이제 우리는 가정교사가 본 유령이 진짜인지 그렇지 않으면 그녀의 무의식 속에 억압돼 있던 성적 욕망이 두 남녀에게 투사된 것인지를 살펴볼 필

---

17) James, *The Turn of the Screw*, p. 51. 최경도 67쪽.

요가 있다. 그녀가 본 퀸트의 유령에 대한 묘사를 보면 그녀가 본 유령은 실재하는 유령인 듯한 느낌을 강하게 풍긴다. 그녀의 유령 묘사는 다음과 같다.

"모자도 안 썼어요." [중략] "붉디붉은 머리카락에다 오밀조밀한 곱슬머리의 창백한 얼굴이었어요. 길고 꼿꼿한 몸은 보기에도 좋은 형상이었죠. 그리고 다소 괴이한 자그마한 구레나룻은 머리카락만큼 붉었지만, 눈썹은 다소 검은 편이었고, 특히 활 모양으로 굽어 있어 마음대로 움직이는 듯이 보였죠. 눈매는 날카롭고 이상했어요. 끔찍하긴 했지만, 난 그 눈이 다소 작고 매우 고정되어 있었다는 것만은 분명히 알아요. 입은 넓고 입술은 가늘었어요. 게다가 자그마한 구레나룻만 제외하고는 꽤나 말끔히 면도를 했던데요. 그 사람은 마치 배우 같은 느낌을 주더군요. [중략] 그 사람은 키가 크고 활동적이며 몸이 꼿꼿했어요. [중략]. 하지만 절대로, 아니 절대로! 신사는 아니었죠." [중략]
부인의 자제하는 모습이 눈에 띌 지경이었다. "그런데 잘 생겼어요?"
나는 그녀를 돕는 법을 알았다. "놀랄 만큼요."
"그리고 입고 있는 옷은요?"
"누군가의 옷을 걸쳤어요. 깔끔하긴 했지만 자기 옷은 아니더군요."
부인은 갑자기 숨이 막힌 듯 단언적인 신음을 뱉었다. "그건 주인님의 옷이예요!"
나는 다그쳐 물었다. "당신은 그 사람을 알아요?"
부인은 한 순간 주저하다, "퀸트예요!"라고 외쳤다.[18]

이게 어찌 된 일인가? 가정교사는 자신이 목격한 유령의 인상착의를 그로우스 부인에게 말했는데, 그로우스 부인은 그녀가 말하는 인상착의를 듣고 그가 퀸트라고 말하지 않는가? 그렇다면 우리는 가정교사가 진짜 퀸트의

18) James, *The Turn of the Screw*, pp. 46-7. 최경도 58-9쪽.

유령을 본 것이라고 말할 수 있는 것인가? 그러나 우리가 이런 결정을 내린다면 그것은 좀 성급한 결론이 될 것이다.

레너에 따르면 19세기 유럽에서는 인상과 성격 사이에는 확실한 연관성이 있다는 이론이 대단한 흥미를 끌고 있었다. 이러한 이론은 스위스의 목사인 요한 카스파 라바터가 주장한 학설인데, 이 학설은 잡지와 신문에 대대적으로 보도되기도 했다. 소설가들은 이 학설에 대단한 흥미를 보였는데, 이 학설은 특히 1770년대 초에서부터 1880년대 사이에 아주 인기가 높았다. 그 후에는 이 학설이 근거가 희박하다는 이유로 사이비 학설로 판명됐다.[19] 우리는 가정교사의 묘사에 나오는 머리카락 색깔에 유의할 필요가 있다. 19세기의 소설가들은 머리카락 색깔에 관심이 많았다. 붉은 머리카락을 가진 사람은 대단히 착한 사람이거나 그렇지 않으면 극히 악한 사람으로 묘사됐는데, 대체적으로는 악한 사람으로 생각되어졌다. 성경에 나오는 에서Esau가 이런 인물인데 그는 육욕肉慾의 죄에 빠져 한 그릇의 죽에 자신의 장자권을 팔기도 한 인물이다. 또한 예수를 판 유다와 사탄 등은 모두 붉은 머리카락을 가진 인물들로 여겨진다.[20] 이렇게 볼 때, 퀸트는 이러한 악인의 스테레오타입인 셈이며, 달리 말하면 많은 사람들의 무의식에 악인의 이미지를 가진 것으로 여겨지는 붉은 머리를 한 인물인 셈이다. 그렇다면 가정교사가 본 것으로 묘사한 유령이 붉은 머리칼을 가지고 있었던 것은 별로 이상한 일이 아니다. 또한 가정교사의 이런 묘사를 듣고 그것이 퀸트라고 지적하는 그로우스 부인의 확인 또한 별로 놀라운 일은 아니다.

그렇다면 가정교사가 퀸트의 유령을 보고 그의 모습을 그로우스 부인

---

19) Renner, p. 228.
20) Renner, p. 230.

에게 말했는데, 부인이 그것이 퀸트라고 말한 것은 어떤 이유에서인가? 그것은 가정교사가 범죄형의 인물에 대한 집단 무의식을 가지고 있었는데, 이런 무의식에 근거한 유령의 모습을 본 것이다. 그런데 공교롭게도 퀸트가 이런 범죄형 인물의 모습과 거의 가까운 모습과 행동을 한 인물이었기 때문에 가정교사가 묘사한 유령의 모습과 그로우스 부인이 보아 왔던 퀸트의 모습이 겹치게 된 것이다.

가정교사의 아버지가 목사이기 때문에 그녀를 빅토리아 여왕 시대의 처녀로 엄격하게 교육했을 것으로 추측할 수 있다. 이러한 엄격한 여성에 대한 가정교육은 우선적으로 여성의 성에 대한 교육이 핵심을 이룬다. 이런 교육에서는 여성은 결혼하기 전에는 집안에서 어떻게 행동해야 하며, 결혼한 후에는 어떻게 살아야 하는지에 대한 교육이다. 이러한 교육 내용에 따르면 혼전 여성은 순결이 절대적으로 강조되었으며, 결혼한 후에는 어머니로서의 자식들에 대한 희생과 봉사가 강조되었다. 빅토리아 여왕 시대에는 여성의 성적인 욕망이라든가 쾌락은 그것을 말하거나 생각하는 것 자체가 금기시 돼 있었다. 여성은 단지 자식을 생산하고 이들을 훌륭하게 양육하는 것이 유일무이하고 가장 중요한 덕목으로 여겨졌기 때문이다. 이러한 가정교육은 그녀가 대리모인 가정교사로서 마일스와 플로라를 대하는 태도에서 드러난다. 따라서 그녀는 전형적인 양가집 처녀로서 "선량하고, 건전한 사고를 지니고 있으며, 헌신적이고, 자신을 내세우지 않으며, 섬세하고, 신뢰할 만한" 인물인 셈이다.[21]

또한 그녀는 빅토리아 여왕 시대의 이데올로기인 가부장제를 철저히 신봉한다. 이러한 가부장제는 이성애異性愛 중심적이기 때문에 동성애는 금

---

21) Beidler, "The Governess and the Ghosts," p. 96.

기시된다. 따라서 그녀의 개인적인 성적 욕망이 억압되는 것과 동시에 동성애에 대한 혐오감이 무의식에 축적된다. 이러는 과정에서 가부장적 이데올로기가 훌륭한 덕목으로 여기는 이성애적인 행동 양식은 장려되는 반면, 동성애적인 측면은 혐오의 대상이 된다. 이러한 사실은 그녀가 단지 두 번밖에 만나지 않은 주인에 대해 지나치게 일변도적인 이성애적 감정을 드러내는 반면, 동성애에 대해서는 지나칠 정도의 결벽성을 보이는 것에서도 잘 드러난다. 따라서 융의 심리학의 관점에서 볼 때 그녀는 충분한 개성화個性化를 이루지 못한 상태에 있는 셈이다. 개성화란 인간이 "통합적이고 분리되지 않으며 그만의 독특한 특성을 가지는 것"을 의미한다.[22] 그러나 개성화를 이루지 못한 사람은 자신이 덕목이라고 생각하는 가치와 그렇지 않은 가치를 분리해서 생각한다. 이렇게 되면 자신이 신념으로 여기는 가치를 적극적으로 수호하고 보존하려 하지만 혐오하는 가치들은 무의식 속으로 억압하거나 다른 사람에게 투사하여 자신과는 전혀 상관이 없는 것으로 생각하게 된다. 가정교사의 경우 이성애는 좋은 것으로 생각하지만, 동성애는 혐오의 대상으로 여기는 것은 바로 이런 이유에서이다. 이렇게 혐오되는 바람직하지 않은 가치들을 융은 그림자라고 부른다. 이렇게 볼 때 퀸트와 미스 제설은 가정교사가 무의식 속에서 억압하고 있는 혐오스런 가치관을 구체적으로 드러내는 가정교사의 그림자인 셈이다.

그렇다면 이들과 아이들과의 관계는 무엇인가? 여기서 우리는 심리학에서 말하는 분신分身, double, Doppelgänger의 개념을 이들의 관계에 적용할 수 있다. 마클리는 이들의 관계에 대해 다음과 같이 말한다.

---

22) Samuels, p. 76.

제임스의『나사의 조임』에 등장하는 유령인 피터 퀸트와 미스 제설 또한 마일스와 플로라라는 두 어린이의 분신이다. [이들의 이러한 관계는] 아이들과 유령 사이에 존재하는 유대 관계의 특이한 특성을 잘 드러낸다.[23)

이러한 측면에서 볼 때 퀸트와 미스 제설이 가정교사의 그림자라면, 마일스와 플로라 또한 가정교사의 현전하는 그림자인 셈이다. 가정교사가 마일스에게 끈질기게 그와 유령과의 관계를 추궁하는 이유는 바로 여기에 있다. 개성화의 과정에서 인간은 자신의 부정적인 측면인 그림자를 다른 사람에게 투사하지 않고 자신의 것으로 내면화함으로써 완전한 개성화가 이루어진다. 이 같은 개성화를 통해 개인은 자신 속에 긍정적인 측면과 동시에 부정적인 측면을 통합적으로 수용하게 되는 것이다. 그러나 가정교사의 경우에는 마일스가 죽음으로써 이러한 개성화가 이루어지지 못한다. 이는 가정교사가 경직된 남성 중심적 이데올로기의 산물이며, 또한 빅토리아 여왕 시대는 여성에 대해 사회 분위기 또한 전반적으로 유연하지 못했기 때문이다.

6. 오스카 와일드의 동성애를 둘러 싼 사건

이러한 관점에서 우리는 이 소설과는 직접적으로 관계되는 것은 아니지만, 이 소설이 출간됐던 당시 대단한 사회적 관심사로 등장한 동성애 사건에 대해 살펴보는 것은 이 소설의 배경 지식으로서 유용할 것이다. 이 사건의 발단은 와일드와 알프레드 ("더글러스") 경 사이의 동성애적인 관계에 연

---

23) Markley, p. 199.

유한다. 이들이 처음 만난 것은 1891년 초여름이었다. 당시 더글러스는 24세의 나이로 미성년자는 아니었다. 그는 와일드의 열렬한 팬으로 와일드가 쓴『도리안 그레이의 초상』을 아홉 번 내지는 열네 번쯤 읽었다고 주장했다. 이에 비해 와일드는 더글러스보다 16세가 연상인 40세였다. 더글러스는 옥스퍼드 대학에서 몇 명의 남자 아이들과 동성애 관계를 가져 1892년 봄에는 행위 불량자 명단에 올라 있었다. 더글러스의 아버지인 퀸스베리 후작(1844-1900)은 와일드와 더글러스 사이의 관계에 대해 대단히 분노하고 있었다. 퀸스베리 후작은 와일드가 쓴 연극『진지함의 중요성』이 상연되는 것을 저지하려 했으나 뜻을 이루지 못했다. 그러나 그는 1895년 2월 18일에 와일드가 회원으로 있는 클럽에 "남색자男色者 행위를 하는 오스카 와일드에게"라고 명함에 써 이를 와일드에게 전하도록 했다. 이 당시 동성애적 행위는 영국에서는 불법이었다.

와일드는 이러한 공격에 대해 몇 가지의 선택 가능한 대처 방안이 있었다. 퀸스베리 후작이 이런 행동을 한 것은 와일드로 하여금 명예 훼손으로 고소하게끔 하기 위한 방법이었기 때문이다. 와일드는 절친한 친구인 로버트 로스에게 편지하여 그 자신이 후작을 고소하지 않으면 안 될 것임을 분명히 했다. 그러나 로스는 명함을 묵살할 것을 권고하면서, 와일드에게 영국을 떠나 프랑스로 가 얼마간 있으면 사건이 진정될 것이라고 말했다.

와일드에게 있어 가장 큰 문제는 후작이 유포시킨 소문이 사실이라는 점이었다. 공식적으로 써서 공표한 내용이 사실일 경우 그것은 명예훼손이 되지 않기 때문이었다. 그럼에도 불구하고 와일드는 후작이 퍼뜨린 소문이 사실이 아니라고 변호사들을 설득했다. 와일드는 막판에 명예훼손 고소를 취하할 생각도 했으나, 아버지와의 사이가 나쁜 더글러스는 자신의 아버지가 형사 처벌되기를 원했다. 이렇게 해서 재판은 1895년 3월 3일에 열렸다. 재판은 와일드에게 불리하게 진행됐다. 그러자 그의 변호사는 와일드가 고소를 취하하고 해외로 도피할 것을 종용했다. 로스도 그가 그렇게 하는 게 좋겠다고 조언했다. 그러나 와일드는 듣지 않았다.

두 번째 재판은 같은 해 4월 26일에 열렸다. 이 재판의 하이라이트는 더글러스가 쓴 <두 연인>이라는 시였다. 이 시는 "나는 그 이름을 감히 입 밖에 낼 수 없는 애인이다"로 끝난다. 이것이 무슨 의미인가를 법관이 오스카에게 묻자 그는 나이 많은 남자와 어린 사내 애 사이의 고상한 애정이라고 말하면서, 이러한 애정은 미켈란젤로와 셰익스피어에서도 볼 수 있다고 주장했다. 그러나 19세기에 와서는 이런 애정이 많은 오해의 대상이 됐다고 말했다.

세 번째 재판은 같은 해 5월 22일이 개정됐다. 이번에도 와일드의 친구들은 그에게 해외 도피를 권했으나 와일드는 이를 묵살했다. 와일드는 이번에는 유죄 판결을 받고 2년의 중노동이 선고됐다. 와일드의 동성애 재판은 당시 비상한 관심의 대상이 되었다. 와일드의 재판(1895)과 『나사의 조임』의 출간(1898) 사이에는 불과 3년의 시간 차이가 있다는 점을 감안한다면 이 둘 사이에 아무런 연관이 없다고 보기는 어려울 듯하다.

7. 헨리 제임스의 동성애적인 성향[24]

제임스는 평생 결혼하지 않고 살았다. 그가 결혼하지 않은 이유에 대해 이

---

24) Beidler, "Introduction," pp. 8-9.

전에는 그가 자신의 예술과 결혼했기 때문에 결혼할 시간과 정력이 없었다는 것이 정설이었다. 그러나 이 같은 설명에 대해 이의가 제기되기 시작했으며 그가 동성애자가 아닐까 하는 의구심이 생겼다. 이러한 사실은 「생도」라는 단편에 등장하는 펨버튼과 모건 모린 사이의 동성애 선정적인 끌림에서 두드러지게 나타난다. 그를 동성애적으로 보는 근본적인 계기는 그의 작품에 나타난 그의 감수성이 여성적이라는 사실이다. 이와 연관하여 제임스의 친구인 에들의 다음과 같은 언급은 아주 적절한 지적이 아닐 수 없다: "그[제임스]는 여자들이 다른 여자들을 보는 것처럼 여자들을 보는 듯했다. 여자들은 서로를 인격체로 보지만 남자들은 여자들을 여자로 보기 때문이다. 여자들에게서 발견되는 성性은 [중략] 제임스에게는 그들의 가장 중요한 매력이 아니었다."25)

제임스의 편지에는 그가 자신보다 나이가 적은 남자에게 성적인 매력을 느끼고 있었음을 토로하는 내용이 담긴 것도 있다. 예를 들면 그는 1890년에 유럽에서 모턴 플러튼이라는 미국의 신문기자를 만났다. 제임스가 그에게 보낸 편지에서 그를 "나의 사랑하는 소년"과 "나의 가장 사랑하는 소년"26)이라고 부르고 있는 것에서 제임스가 그에게 동성애적인 사랑을 느끼고 있음을 드러낸다. 제임스는 또한 플러튼에게 자기 집에 잠깐 들르기를 원하는 편지를 보내면서, "그대는 아름다워"27)라고 쓰기도 했다. 아름답다는 표현은 통상적으로 남자가 여자에게 보내는 찬사라는 사실을 염두에 둔다면 이 같은 표현은 제임스가 플러튼을 동성애적으로 사랑했음을 보여주는 것이다.

---

25) Edel, p. 234.
26) Kaplan, p. 407,
27) Kaplan, p. 409.

최근의 연구에 따르면 제임스는 동성애적인 성향이 있었을 가능성이 높음에도 불구하고 다른 남자와 육체적으로나 성적으로 관계를 가졌다는 증거는 거의 없다. 그렇다면 우리는 제임스가 『나사의 조임』에서 동성애와 관련하여 어떤 태도를 가졌을까가 궁금하다. 바이들러는 퀸트와 마일스와의 관계가 동성애적이 아니며, 마일스가 학교에서 퇴학을 당한 원인은 동성애와는 아무 관계가 없다고 이를 강력히 부인한다.[28] 물론 바이들러의 이런 견해는 사견이기 때문에 이 소설을 동성애적인 관점에서 읽는 것은 어디까지나 우리의 자유에 속한다.

　　어떤 작가가 동성애자일 경우, 그가 동성애를 자신의 작품에서 다룬다고 가정한다면 우리는 다음의 두 가지 태도를 가정할 수 있다. 그 하나는 동성애를 적극적으로 옹호하고 두둔하는 경우가 될 것이다. 이러한 태도는 커밍아웃한 동성애자의 경우에 해당한다. 그는 이미 공식적으로 자신이 동성애자임을 밝혔기 때문에 동성애를 공공연하게 옹호할 수 있다. 그러나 제임스의 경우는 커밍아웃하지 않았기 때문에 공공연하게 두둔할 수는 없다.

　　제임스가 커밍아웃하지 않았기 때문에 그는 동성애를 적극적으로 비난할 수 있다. 이는 자신의 성정체성을 호도하기 위한 하나의 방편이기 때문이다. 그렇지 않으면 그는 속으로는 동성애를 선호하면서도 겉으로는 이를 비난하는 경우이다. 후자의 경우가 『나사의 조임』에 해당하는 것이 아닌가 생각된다. 이 소설은 모호함 그 자체인데, 이 소설이 이처럼 모호한 것은 그가 사건의 실체를 분명히 묘사하고 있지 않기 때문이다. 예를 들면 마일스가 퇴학당한 이유가 전혀 드러나지 않는데, 우리는 그가 퇴학 처분 당한 이유가 동성애적인 사건과 연계된 것이 아닌지 추측만 할 뿐이다. (물론

---

28) Beidler, "Introduction," p. 9.

바이들러는 이를 부인한다). 이 소설은 출간된 지 100여 년이 지난 작품임에도 불구하고 아직도 많은 독자와 비평가들의 관심의 대상이며, 길지 않은 이 소설에 대해 많은 비평 논문이 써지는 이유는 이 소설이 이처럼 모호한 것이 그 한 원인일 수도 있다.

8. 나가는 말

헨리 제임스가 19세기 말에 쓴 길지 않은 소설 『나사의 조임』은 놀랍게도 100여 년이 넘도록 독자의 관심 속에 굳건히 자리한 소설이다. 제임스는 많은 장편을 썼지만, 어느 다른 장편 소설보다도 이 소설이 그의 가장 인기 있는 소설로 자리매김된 것은 우리의 궁금증을 더해준다. 이 소설은 출판 당시에는 괴기 소설로 여겨졌지만, 시간이 지나면서 유령의 실재에 대한 믿음이 옅어지면서 여러 가지 다른 비평적 접근이 가능한 작품이 된 것이 이 소설의 생명력을 오래 가게 한 가장 큰 원인이 되었다. 이러한 접근법 중에서 필자가 여기서 시도한 것은 융의 심리 이론을 원용한 접근법이다. 우리는 대개의 경우 하나의 문학 텍스트에 대해 많은 비평적 접근이 원용될 경우, 이러한 문학 텍스트는 비평적으로 소진된 것으로 간주하기 쉽다. 그러나 사실은 그렇지 않다. 이러한 대표적인 경우가 바로 『나사의 조임』일 것이다. 이 소설 텍스트는 수많은 접근법에 의해 읽혀져 왔음에도 불구하고 그 의미가 소진되기는커녕 오히려 더 싱싱하게 남아있기 때문이다. 이렇게 볼 때 어느 하나의 문학 텍스트가 많은 논란의 대상이 된다는 것 자체가 생명력을 연장시키는 한 가지 방법임을 알 수 있다. 이 소설이 근본적으로 모호한 텍스트라는 사실은 한 편으로는 이 소설의 의미가 확정되기 힘들다는 사실을 보여주는 것이며, 동시에 이 소설 텍스트의 이 같은 불확정성은 오히려 여러 가지 서로 다른 접근법에 유혹의 손짓을 보내는 셈이다. 특히 융의 심리학 이론에 의한 이 소설의 읽기 전략은 이제까지의 많은 접근법에 의해 밝혀진 것들을 수용하면서 이를 넘어 또 다른 지평을 열었다는 점에서 그 의의가 있는 셈이다.

5

문화와 텍스트 읽기: 『아들과 연인』

1. 시작하는 말

로렌스가 1913년 5월 29일 영국의 덕워스 출판사에 의해 출간한 『아들과 연인』은 자전적인 소설로 "그의 가장 인기 있고, 가장 잘 팔리며, 또한 [그의 소설 중에서] 가장 널리 연구되는 소설"이기도 하다.[1] 이 소설의 플롯에 대해 로렌스는 1912년 11월 19일 에드워드 가넷에게 쓴 편지에서 다음과 같이 적고 있다.

> 이 소설은 다음과 같은 생각을 전개한 것입니다. 인격과 교양을 갖춘 한 여성이 하층민 생활을 하게 되면서 자신의 생활에 만족하지 못 하게 됩니다. 그녀는 남편과 결혼할 당시에는 그에게 정열을 가지고 있었기 때문에 아이

---

1) Harrison, p. 5.

들이 태어나게 되고, 이런 아이들은 활력으로 충만해 있습니다. 그러나 아들들이 자라면서 그녀는 이들을 처음에는 맏아들을 그리고 다음에는 둘째 아들을 연인으로 여기게 되죠. 아들들은 어머니가 그들을 연인으로 대하는 것과 마찬가지로 어머니를 대하도록 계속적으로 강요당합니다. 그러나 이들이 성인이 되면서, 이들은 다른 여성들을 사랑할 수가 없게 됩니다. 이렇게 된 이유는 어머니가 자신들의 생애에서 가장 강력한 힘이었고 그들을 장악했기 때문입니다. [중략]. 맏아들인 윌리엄이 별 볼일 없는 여자와 성관계를 갖게 되자 어머니가 그를 완전히 장악합니다. 그러나 아들은 어머니로부터 이탈합니다. 그러자 그는 죽게 되는데, 이렇게 그가 죽는 이유는 자신의 처지를 모르기 때문입니다. 둘째 아들[폴]은 그의 영혼을 위해 죽을 각오로 어머니와 대항해 싸워서라도 지켜 줄 여인을 만나게 되죠. 아들은 어머니를 사랑합니다―모든 아들들은 아버지를 증오하고 경멸합니다. 어머니와 [폴을 사랑하는] 젊은 여성 간에 아들을 중간에 넣고 싸움이 계속됩니다. 어머니는 아들과의 혈연관계 때문에 힘이 점점 더 강해집니다. 아들은 어머니의 손에 자신의 영혼을 맡기기로 결정합니다. 그리고 형이 그랬던 것처럼 [정신적인 면과는 별개로] 육체적인 사랑을 추구하려고 합니다. 그는 육체적인 사랑을 얻게 되죠. 그러나 이 같은 육체와 영혼의 분리는 제대로 작동하지 않게 됩니다. 어머니는 곧 무의식적으로 무엇이 문제인지를 알게 되고 건강이 악화되기 시작합니다. 아들은 애인과 작별하고 죽어 가는 어머니를 간호합니다. 결국 그는 아무것도 잡을 수 없게 되고 길을 잃고 죽음으로 향하게 됩니다.[1]

이에서 알 수 있듯이 이 소설은 오이디푸스적인 주제를 다룬 소설이 분명한 듯하다. 더구나 로렌스가 이 소설을 쓰는 동안 독일인 아내인 프리다로부터 프로이트의 이론에 대해 어느 정도 들은 바가 있다는 사실을 염두에 둔다면, 이 소설을 정신분석학의 관점에서 읽는 것은 별 무리가 없어 보인다. 그런 이유로 해서 이 소설을 읽는 데에 정신분석학 이론이 많이 원용

---

1) Worthen, p. 28.

된 것은 별로 이상한 일이 아니다.

그러나 로렌스 자신은 프로이트의 정신분석이론에 대해 대단한 적대감을 가지고 있었다. 쿠트너가 1915년 4월 10일자『뉴 리퍼블릭』지誌에 이 소설에 대한 프로이트의 정신분석이론을 원용한 비평을 발표하자 그는 자신의 소설을 "불쌍한 책"이라고 부르면서 이에 대해 다음과 같이 불쾌감을 표출했다.

> 이 소설은 하나의 예술 작품으로서 거의 완전한 진실을 이야기하고 있다. 그런데 그들[비평가들]은 하나의 반쪽만의 거짓말을 끄집어내서는 "자 봐라 여기 [추잡한] 돼지가 있다"고 외친다.[2]

로렌스가 프로이트로 대표되는 정신분석이론에 적대감을 보인 것은 이 소설의 비평에 국한되는 것만은 아니다. 그는『미스터 눈』에서도 다음과 같이 정신분석이론에 대해 강한 불만을 토로하기 때문이다.

> 코를 킁킁대며 냄새를 맡으려는 암 똥개 같은 독자여, 썩은 송장 냄새를 맡는 정신분석가의 코로는 그대가 아무리 냄새를 맡으려고 해도 무엇이 그리고 무엇 때문에 라는 구체적인 확증은 찾지 못할 것이다. 그 이유는 무엇이 그리고 무엇 때문에 라는 것이 존재하지 않기 때문이다.[3]

로렌스가 이처럼 강력하게 정신분석이론에 반발하는 이유는 프로이트 이론에서 가장 핵심적인 위치를 차지하고 있는 무의식에 대해 그가 유보적인 입장을 유지하고 있기 때문이다. 로렌스는 무의식을 "의식이 자신의 의

---

2) Harrison, p. 13에서 재인용.
3) Lawrence, *Mr. Noon*, p. 205.

붓자식이라는 알卿을 저장하는 지하실"이라고 평가 절하한다.4) 물론 로렌스가 이처럼 정신분석에 대해 정도 이상의 반감을 보여주고 있다는 사실이 그의 작품을 정신분석이론의 관점에서 읽는 것을 방해하지는 않는다. 그럼에도 불구하고 우리는 그의 이처럼 강력한 반발을 그저 묵과 할 수만은 없다. 그럴 경우 우리는 어떻게 그의 소설을 읽을 수 있을까를 생각할 필요가 있다. 이 같은 난관에 봉착한 비평가에게 다음과 같은 이글튼의 의견은 해결의 실마리를 제공해 준다.

> 폴의 심리적인 상황은 사회적인 진공 상태에서 발생한 것이 아니다. 그의 아버지인 월터 모렐은 광부였고, 그의 어머니는 사회적으로 약간 상류층에 속한다. 어머니는 폴이 아버지처럼 갱도坑道에 들어가 석탄을 캐지 않고 사무직에 종사하기를 원했다.5)

이글튼이 "폴의 심리적인 상황은 사회적인 진공 상태에서 발생한 것이 아니다"라고 하는 말은 언뜻 들으면 별 의미가 없는 듯하다. 그러나 이 같은 그의 말은 대단히 의미심장하다. 이 같은 그의 말은 이 글의 처음에 인용한 로렌스 자신의 말, 특히 "인격과 교양을 갖춘 한 여성이 하층민 생활을 하게 되면서 자신의 생활에 만족하지 못하게 됩니다"라는 모렐 부인에 대한 묘사와도 맥을 같이 한다. 다른 말로 하면 이 소설을 단지 정신분석이론을 원용하여 읽을 경우 이 작품이 드러내는 사회적인 측면을 간과할 위험성을 로렌스 자신이 지적한 것이다. 그렇다면 우리는 이 소설이 드러내는 사회적인 측면에 유의하면서 읽을 필요성을 비로소 깨닫게 되는 것이다.

---

4) Quoted in Maddox, p. 280.
5) Eagleton, *Literary Theory: An Introduction*[1993], p. 44.

2. 이 소설을 읽는 데 왜 문화적인 읽기가 필요한가?

그러면 우리는 이 소설을 읽는 데 문화적인 읽기가 왜 필요한가를 물을 필요가 있다. 문화라는 단어는 대단히 포괄적인 단어여서 이 개념을 사용하기 전에 어느 정도까지 문화가 무엇을 의미하는지를 그 범위를 설정할 필요가 있기 때문이다.

문화와 함께 우리가 염두에 두어야 할 개념은 이념[또는 이데올로기]이다. 문화라고 말 할 때 이 단어에 과민 반응을 보이는 사람은 거의 없을 것임에도 불구하고 이념이라는 단어를 쓰는 경우 긴장하는 사람이 있을 것이기 때문이다. 그러나 이글튼은 이념이라는 단어가 그렇게 거창한 개념이 아니라는 사실을 다음과 같이 지적한다.

> 이념이란 일련의 명확한 강령보다 훨씬 더 미묘하고 광범위하고 무의식적인 것인데, 인간이 사회와의 관계를 이루어 나가는 매개 항이자 사람과 사회구조를 묶어주고 일관된 목적의식과 정체감을 사람에게 부여하는 기호들과 사회적 실천의 영역이다. 이런 견지에서 볼 때 이념은 교회에 가고 투표하고 여성이 먼저 문을 지나도록 하는 행위를 포함할 수 있다. 또한 [영국 국민으로서의 필자가 영국의] 입헌 군주제에 대해 충성하는 것과 같은 의식적인 감정뿐만 아니라 입는 옷 스타일이나 모는 차종 그리고 다른 사람들과 자신에 대한 무의식적인 이미지들을 포함한다.[6]

그가 이념이라는 단어를 이렇게 설명하는 이유는 이 단어가 가지고 있는 경직성 때문이다. 다시 말하면 많은 사람들이 이념이라는 말에 거부 반응 내지는 긴장을 느끼는데, 이러한 일상생활에서의 예를 통해 이념을 설명함

---

6) Eagleton, *Literary Theory: An Introduction*[1993], pp. 149-150.

으로써 우리가 쓰는 이념이라는 단어는 결코 거창한 단어가 아니라 단지 우리의 일상생활을 설명하기 위해 사용하는 개념임을 보여주고자 함이다.

이러한 이글튼의 설명에서 드러나듯이 그렇다면 이제 우리는 이념과 문화가 어떤 차이가 있는지에 의문을 제기할 수 있다. 쉽게 말하자면, 이데올로기는 추상적인 사회 체제에 대한 개념이며, 이는 또한 하드웨어적인 측면이 있다. 그러나 우리가 문화라고 말할 때, 문화라는 개념은 같은 이념을 지칭하는 것임에도 불구하고 이러한 이념의 구체적인 작동 현상을 지칭하는 소프트웨어적인 측면이 있음을 잊지 말아야 한다. 따라서 이 글에서는 문화와 이념[또는 이데올로기]은 서로 대체 가능한 개념으로 사용하기 때문에, 어떤 경우에는 이 두 개념을 섞어서 사용할 경우도 있을 것이다. 그럴 경우 독자는 하나의 개념은 다른 개념과 대체 가능하다는 전제를 미리 알고 결코 놀라거나 긴장할 필요가 없음을 미리 알려 두는 바이다.

이에서 더 나아가 이 소설이 제기하는 문제는 단순히 프로이트가 자신의 정신분석이론에서 말하는 오이디푸스 콤플렉스의 현대적인 예가 아니라, 로렌스가 살던 시대의 영국이라는 구체적인 사회적인 배경을 가지고 모렐 가家의 구성원, 특히 폴과 그의 어머니가 가지고 있던 사회적인 문제가 무엇이었는지를 살펴보는 것이 이 글의 주된 관심사가 될 것이다. 로렌스 자신이 이 소설을 정신분석이론을 원용하여 읽는 것에 대해 크게 반발한 이유는 바로 여기에 있는 셈이다.

3. 거트루드 커퍼드와 월터 모렐, 결혼하여 가정을 이루다

이 소설은 거트루드 커퍼드와 월터 모렐이 어떻게 만나서 사랑하게 되고 그래서 결혼하여 가정을 이뤘는가로부터 시작된다. 크리스마스 파티에서 그녀가 월터를 만나 호감을 느끼는 장면은 다음과 같이 묘사돼 있다.

> 그녀가 스물 세 살이었을 때 그녀는 어느 크리스마스 파티에서 어워스 밸리 출신의 젊은이를 만났다. 모렐은 그때 스물 일곱 살이었다. 그는 아주 체격이 좋고 몸이 곧고 매우 멋졌다. 그의 물결치는 검은 머리는 빛났고 한 번도 면도하지 않은 그의 뺨은 불그레했고 붉고 촉촉한 입술은 그가 자주 호탕하게 웃었기 때문에 눈에 띄었다. 풍부하게 울리는 그의 웃음소리는 아주 드물게 들을 수 있는 것이었다. 거트루드 커퍼드는 매료되어 그 남자를 지켜보았다. 그는 혈색이 좋고 활기로 충만했으며 그의 목소리는 희극적이고 엉뚱한 어조로 쉽게 빠져들었고 누구하고나 쉽게 어울렸고 유쾌했다. 그녀의 아버지도 풍부한 유머 감각이 있었지만 그것은 풍자적이었다. 이 남자의 유머는 그와 달리 부드럽고 따뜻하며 지적이지 않고 일종의 장난 같은 것이었다.[7]

이 같은 월터에 대한 묘사는 그를 묘사한 것들 중에서 가장 호의적인 것이다. 한 마디로 말해 거트루드는 이전에 다른 남자를 사귄 경험이 있음에도 불구하고 그에게 홀딱 반했다고 말하는 것이 정당할 것이다. 그렇다면 월터가 거트루드를 보고 어떻게 느꼈는지를 보자.

> 월터 모렐은 그녀의 앞에서 녹아 내릴 듯했다. 그 광부에게 그녀는 신비하고 매혹적인 대상, 즉 귀부인과 같았다. 그녀가 그에게 말을 걸었을 때 그녀의 남부 식 발음과 순수한 영어를 듣는 것은 그를 전율시켰다. 그녀는 그를 지켜보았다. 그는 마치 춤추는 것이 그에게 자연스럽고 즐거운 일인 양 잘 추었다. [중략]. 거트루드 커퍼드는 그 젊은 광부가 춤을 추는 동안 그를 지켜보았고 환희와 같이 그의 동작에서 배어 나오는 미묘한 기쁨과 그의 육체

7) Lawrence, *Sons and Lovers*, pp. 16-17.

의 꽃이라고 할 수 있는 얼굴이 뒤엉킨 검은 머리카락 사이로 불그레하게 빛나는 것과, 그와 춤추는 파트너들은 누구든지 똑같이 웃음을 짓는 것을 바라보았다. 그녀는 그런 남자를 본 적이 없었기 때문에 그를 경이롭다고 생각했다.8)

위의 두 인용에 나오는 월터와 거트루드가 각기 상대방에 대해 느끼는 반응을 살펴보자. 우선 월터에 대한 거트루드의 반응을 보기로 하자. 월터에 대해 거트루드가 느끼는 감정은 시각視覺과 청각聽覺이라는 두 가지 감각을 통해 드러난다. 월터는 붉은 뺨과 촉촉한 입술을 가지고 있었으며, 특히 그의 호탕한 웃음소리는 그녀를 매료했다. 더구나 그의 목소리는 희극적이었는데, 그녀의 아버지도 풍부한 유머 감각을 가지고 있었지만, 그것이 풍자적이라는 표현에서 그가 냉소적이고 또한 교육을 받은 사람임을 드러낸다. 그러나 "한 번도 면도하지 않은 그의 뺨은 불그레했다"는 표현에서 우리는 월터가 원초적인 남성의 활력을 보이고 있음을 알 수 있다.

그렇다면 우리는 거트루드가 월터의 이 같은 원초적인 활력에서 매력을 느끼는 이유를 살펴볼 필요가 있다. 거트루드가 월터를 보면서 매력을 느끼는 것은 그가 그녀에게 있어 그녀 자신이 가지지 못한 이상적 자아상으로 투사되기 때문이다. 라캉에 따르면 "이상적 자아상은 거울 단계의 거울 상像에서 기인하는 것이다. 그것은 자아가 바라는 미래 통합에 대한 약속이며, 자아가 구축하는 통일성의 착각이다. 이상적 자아상은 항상 자아와 같이 하는데, 이는 자아가 오이디푸스 기期 이전의 이자관계二者關係의 전능함을 다시 획득하기 위한 부단한 시도의 일환이다. 이상적 자아상은 비록 일차적 동일시에서 형성되지만 모든 이차적 동일시의 원천으로서 역할

---

8) Lawrence, *Sons and Lovers*, pp. 17-18.

을 계속한다."[9]

이 같은 설명에서 알 수 있듯이 이상적 자아상에는 다음 몇 가지의 중요한 특징이 있다. 그것은 거울상에 기인하며, 자아가 이상적 자아상에서 발견하는 통일성은 착각이라는 사실이다. 또한 이상적 자아상은 오이디푸스 기 이전의 이자 관계의 전능함을 획득하기 위한 시도라는 점이다. 그렇다면 거트루드가 월터에게서 보는 그녀의 이상적 자아상은 그녀 자신의 결여缺如, lack를 드러내는 것으로 단지 그녀의 욕망의 표출일 뿐이라는 사실이다. 라캉의 정신분석이론에서는 욕망은 단지 존재의 결여를 보여줄 뿐이기 때문이다. 더구나 월터가 드러내는 이러한 특징들은 청각과 시각에 의해서만 감지되는 특징들이라는 사실은 이들은 주체가 상징계에 진입하기 이전의 오이디푸스 기 이전인 거울 단계에서만 존재하다가 주체가 언어가 대타자인 상징계에 진입함과 동시에 상실된 특성들이기 때문이다. 라캉은 거울 단계에서 존재하다가 주체가 상징계에 진입함과 동시에 소멸된 요소들을 <대상 소문자 a>objet petit a라고 부른다. 이러한 <대상 소문자 a>로 라캉은 젖가슴, 대변大便, 남근, 응시凝視, 목소리 등을 들고 있다.[10] 이들은 바로 오이디푸스 기 이전, 주체가 형성되기 이전 유아와 어머니라는 이자관계에서 유아의 전능함을 드러내는 요소들이기 때문이다. 특히 응시와 목소리는 타자로서의 어머니<(m)Other>에 대한 유아의 전능함을 보여주는 특성이다.

거트루드가 월터에서 발견한 이상적 자아상이 단지 생물학적이고 남성적인 활력에만 집중된 것인데 비하여 월터가 거트루드에게서 발견하는 자아상은 이와는 반대로 문화적 세련에 기초한 것이다. "그녀가 그에게 말을

---

9) Evans, p. 52.
10) Lacan, *Écrits: A Selection*, p. 315.

걸었을 때 그녀의 남부식 발음과 순수한 영어를 듣는 것은 그를 전율시켰다"라는 묘사는 바로 이 같은 그의 반응을 드러낸 것이다. 우리가 여기서 특별히 유의해야 하는 단어는 "전율戰慄시켰다"라는 표현이다. 로렌스는 이 단어를 사용함으로써 거트루드가 월터에게 야기惹起시키는 영혼의 울림까지도 드러내기 때문이다. 이 같은 월터의 느낌은 단지 육체적이거나 또는 정신적인 측면 중 어느 한 면에만 기인하는 것이 아니라, 이 두 측면이 서로 어우러져 하나의 하모니[화합]가 되어 떨림共鳴으로 나타나는 현상을 표현하는 것으로, 이는 라캉이 말하는 바로 주이상스jouissance이기도 하다.

　이 둘의 상대방에 대한 이 같이 서로 다른 반응은 독자에게 시사하는 바가 많다. 거트루드는 몰락한 부르좌 계급의 가정에서 자랐기 때문에 집 안에서 교양과 문화적인 환경에 노출되어 자란 인물이다. 따라서 그녀에게는 월터가 보여주는 자연 발생적이고 원초적인 활력이 결핍돼 있기 때문에 그녀는 이를 동경하게 된 것이다. 그녀가 월터에게서 이 같은 특질을 발견하자 그녀는 자신이 갖지 못한 월터의 자질에 첫눈에 매료 된 셈이다. 반면 월터는 하층민 출신의 광부이기 때문에 문화적인 세련과 교양이 부족하다. 이러한 이유로 인해 이 소설에서 거트루드가 사용하는 영어는 킹즈 잉글리쉬, 또는 퀸즈 잉글리쉬라고 불리는 표준 영어인 반면, 월터가 사용하는 영어는 미들런즈 방언이다. 영국에서는 영어가 출신 지역을 드러내기보다는 출신 성분을 나타낸다. 상류층의 사람들은 왕족이나 귀족, 그리고 옥스퍼드나 케임브리지 대학에서 사용되는 퀸즈 [또는 킹즈] 잉글리쉬를 사용한다. 반면 평민 이하의 하층민들은 지역 방언을 사용한다. 따라서 영국의 표준어는 런던에서 사용하는 런던 영어가 아니라 상류층이나 대학 교육을 받은 사람들이 구사하는 언어인 표준 발음received pronunciation이다. 따라서 월터가 사용하는 미들런즈 방언은 그의 출신 성분이 하층 계급임을 드러낸다. 이 같은 이유로 해서 그는 거트루드가 사용하는 교양 있는 언어에 반하게 된다. 이들이 이렇게 해서 서로에게 결핍된 자질을 상대방에게 발견하여 상대방에게 매력을 느낀다. 이런 이유로 이들은 결혼한다. 그러나 이들이 발견한 차이점은 매력이 될 수 있는 가능성을 내포하고 있지만, 또한 동시에 불일치를 불러올 가능성 또한 배제할 수 없다. 이들이 결혼하고 나서 얼마 안 가 파경破鏡을 맞게 되는 가장 큰 원인은 바로 이러한 불일치에 근거한다. 이러한 불일치의 원인 중 가장 중요한 것이 바로 언어, 특히 거트루드가 사용하는 표준 영어라는 사실은 이 소설의 주제가 단순히 폴과 그의 어머니 사이의 오이디푸스 콤플렉스이기보다는 거트루드와 월터 사이에 발견되는 문화적인 불일치임을 드러낸다. 이러한 사실에서 우리는 사회에서 언어가 차지하는 중요성, 특히 아직도 계급이 가시적으로 엄연히 존재하는 영국이라는 특수한 사회에서 언어가 얼마나 중대한 문제를 야기하는가를 깨달을 수 있다.

4. 거트루드와 월터, 애정에 금이 가다

상대방에게서 자신들이 가지지 못한 특질들을 발견한 거투루드와 월터는 처음 만난 후 1년이 되는 다음 해 성탄절에 결혼한다. 이러한 그들의 결혼 생활은 이렇게 묘사돼 있다.

> 다음 해 크리스마스에 그들은 결혼했고 석 달간 그녀는 완벽하게 행복했다. 다음 여섯 달 동안은 대단히 행복했다.[11]

이 같은 묘사는 대단히 역설적으로 들린다. 왜냐하면 거트루드는 결혼 후 모두 합쳐 단지 9개월 동안만 서술자의 말대로 <대단히> 행복했을 뿐, 이런 행복감은 다시는 찾아오지 않았기 때문이다. 이들이 결혼에서 파경을 맞는 것은 두 가지 측면이 있다. 그 하나는 물질적인 측면이고, 또 다른 하나는 비물질적인 측면이다.

우선 물질적인 측면을 보기로 하자. 결혼 전에 거트루드는 월터가 소유주라고 생각한 두 집이 그의 소유가 아니라 단지 그가 어머니에게 세를 낸 집이라는 사실을 알게 된다. 또한 거트루드는 월터가 결혼식 때 입었던 프록코트의 주머니에서 그가 산 가구의 대금 청구서를 발견한다. 그 뿐이 아니다. 그녀는 그와 금주(禁酒)하기로 약속하고 그가 서약서에 서명을 했음에도 불구하고, 그는 음주벽을 버리지 못하고 있다.

물질적인 측면에서 거트루드와 월터 사이에는 기대가 서로 맞지 않을 뿐만 아니라, 비물질적인 측면에서도 이들 사이에는 건널 수 없는 커다란 괴리가 있었다. 그것은 서로의 성장 배경과 계급의 차이 때문에 오는 의사소통의 어려움에 기인하는 것이다. 이러한 의사소통의 장애는 물질적인 측면만큼이나, 아니 그보다도 더 크게 그들의 사랑을 식게 하는 요소가 됐다. 이러한 예는 다음과 같은 묘사에서 잘 드러난다.

> 때때로 그녀 자신이 사랑 이야기에 싫증이 날 때면 그녀는 그에게 자신의 마음을 진지하게 털어놓으려고 애썼다. 그러나 그는 그녀를 존중하는 태도로 듣기는 했지만 그녀의 말을 전혀 이해하지 못하고 있음을 그녀는 알 수 있었다. 이런 일이 좀 더 고상하게 가까워지려는 그녀의 노력을 좌절시켰고 그녀는 섬뜩한 공포를 느꼈다.[12]

---

11) Lawrence, *Sons and Lovers*, p. 19.
12) Lawrence, *Sons and Lovers*, p. 20.

"그러나 그는 그녀를 존중하는 태도로 듣기는 했지만 그녀의 말을 전혀 이해하지 못하고 있음을 그녀는 알 수 있었다"라는 묘사에서 거트루드가 월터에게서 느끼는 뛰어 넘을 수 없는 거리감을 알 수 있다. 결혼에서의 애정이 단지 육체적이거나 물질적인 측면에만 의존하는 것이 아님을 전제할 때, 우리는 거트루드가 느끼는 절망감을 잘 알 수 있게 된다. 이리 하여 거트루드가 월터에게서 느끼던 황홀과 신비감이 <섬뜩한 공포>로 변하게 된다.

거트루드가 월터에 대해 느끼는 실망감의 두드러진 특징은 그의 언어적인 능력의 부족이라고 말할 수 있다. 월터는 자신의 감정을 언어로 표출하기보다는 직접적인 행동으로 나타낸다. 특히 그가 분노를 드러내는 경우가 이런 행동의 대표적인 예가 된다. 거트루드와 월터가 부부 싸움을 하는 경우가 자주 있는데, 이 때 이들은 서로 다른 행동 양식을 보인다. 한 번은 둘이 부부 싸움을 하다가 월터가 폭력을 행사하여 윌리엄의 머리에서 피가 흐르는 경우가 생겼다. 이 경우 월터는 자신의 분노를 직접적인 행동을 통해 표출한 셈이다. 이러한 사건이 있은 다음 날 월터가 이에 대해 어떻게 느끼는지를 화자는 다음과 같이 묘사하고 있다.

> 월터 모렐은 다음 날 침대에 누워 거의 점심때가 돼서도 일어나지 않았다. 그는 전날 밤의 사건에 대해서 생각하지 않았다. 그는 어떤 것에 대해서도 거의 생각하지 않았지만 그 사건에 대해서는 생각하지 않으려고 했다. 그는 골난 개처럼 누워서 끙끙거렸다. 가장 상처를 입은 사람은 자신이었다. 그는 아내에게 한 마디 말도 하지 않고 또 자신의 슬픔을 표현하지 않으려고 했기 때문에 더욱 더 큰 상처를 입었다. 그는 그럭저럭 그 사건에서 벗어나려고 했다.13)

위의 인용에서 우리는 다음 몇 가지 중요한 사실을 감지 할 수 있다. 우선 아무리 자신의 자식이라고 해도 윌리엄의 머리에서 피가 흐를 정도의 상처라면 큰 상처에 속한다. 그런 상처를 입힌 당사자인 월터가 아무런 사과나 해명을 하지 않았다는 것은 요새 말로 하면 가정 폭력의 극치라고 말할 수 있다. 화자는 이처럼 야만적이고 교양 없는 월터의 행동을 "그는 골난 개처럼 누워서 끙끙거렸다"라고 표현함으로써 그의 행동을 개의 수준으로까지 끌어내리고 있다. 더구나 월터는 이 같은 그의 행동에 대해 생각하지 않으려 함으로써 그가 사유 능력이 있는지에 대해 의문이 제기된다. 더구나 그는 이러한 사건을 일으키고도 아무런 사후 조치를 취하지 않고 "그 사건에서 그럭저럭 벗어나려고 애썼다"라는 묘사에서 알 수 있듯이 사태를 수습하는데 있어 이성적인 해결책을 추구하기보다는 그저 우물쭈물하는 행동으로 일관하고 있음을 드러낸다. 이 같은 월터의 행동에 가장 큰 불만을 품고 있는 사람이 바로 거트루드이다. 그녀의 반응은 다음과 같이 묘사돼 있다.

> 그가 한 번이라도 <여보, 미안해>라고 말했으면 그녀는 남편에 대해 안스럽게 느꼈을 것이다. 그러나 그는 결코 그 말을 하지 않았고 전부 아내의 잘못이라고 스스로에게 되풀이했다. 그래서 그녀는 그를 그냥 내버려두었다. 그들의 격렬한 감정은 이러한 막다른 교착 상태에 빠졌고 그녀가 더 강자였다.14)

위의 인용문에서 우리가 느낄 수 있는 것은 월터는 자신의 감정을 언어로 표현하지 않고 속으로만 묻어 두는 전형적인 여성적 행동을 하는 반면, 거

13) Lawrence, *Sons and Lovers*, p. 55.
14) Lawrence, *Sons and Lovers*, p. 56.

트루드는 그가 감정을 언어로 표현하기를 바라고 있다는 점이다. 만약 그녀가 이런 행동을 했다면 그녀는 이에 대해 언어적인 표출을 시도했을 것이다. 따라서 화자가 그녀는 <강자>라고 부르는 이유는 바로 그녀가 언어를 통해 사건을 해결하는 행동 양식을 가지고 있음을 의미한다. 결혼 생활에서 남편과 아내는 서로를 사랑하기 이전에 존경해야 한다. 이러한 존경은 서로를 하나의 인격체로 존중하고 신뢰하는 마음가짐에서 나온다. 그러나 거트루드와 월터는 서로를 존중할 모든 근거를 잃어버린 지경에 이르렀다. 이 경우 지금 같으면 이혼 밖에 다른 길이 없었겠지만, 경제적으로 넉넉하지 못한 처지에서 거트루드는 이혼을 생각지도 못했을 뿐만 아니라, 당시의 사회 풍조로는 이혼은 상상도 못할 일이었다. 그렇다면 거트루드에게는 무슨 방도가 있겠는가? 이 같은 곤경에 처한 그녀에게 마침 그녀의 첫째 아들 윌리엄이 태어났던 것이다. 이제 그녀는 남편에게 걸었던 모든 기대를 포기하고 그 대신에 아들에게 모든 것을 걸게 된다.

> 마침내 모렐 부인은 남편을 경멸하게 되었다. 그녀는 아이의 아버지에게서 등을 돌리고 아이에게로 향했다. 그는 그녀를 소홀하게 대하기 시작했는데 그로서는 이제 그가 신혼 초의 결혼 생활에서 느껴지던 아기자기함이 사라지고 말았다. 그에게는 줏대가 없다고 쓰라림을 곱씹으며 그녀는 말했다. 그에게는 순간적으로 느낀 것이 전부일 뿐 그 외에는 아무것도 없었다. 그에게는 아무것도 지속적인 것이 없었다.[15]

미래에 대한 계획이 없이 순간 순간을 아무런 생각 없이 그저 되는 대로 사는 남편. 이런 남편에게서 거트루드가 환멸을 느낀 것은 당연한 일이다. 이런 환멸은 그녀가 남편을 <경멸>하게 되는 계기를 주었다. 남편에게

---

15) Lawrence, *Sons and Lovers*, p. 23.

환멸을 느낀 거트루드는 이제 새로 태어난 자신의 아들을 사랑의 대상으로 삼게 되는 것은 당연한 귀결이다. 이처럼 거트루드가 그를 경멸하기까지에는 그녀는 속으로 많은 마음고생을 해야만 했다. 특히 그녀가 윌리엄을 출산하는 과정에서 견딜 수 없는 외로움을 견뎌야만 했다.

> 사내아이[윌리엄]가 태어났을 때 거트루드 모렐은 입덧이 심했다. 모렐[남편]은 그녀에게 정성껏 잘 해주었다. 그러나 그녀는 친정 식구들과 멀리 떨어져 있어 몹시 외롭게 느꼈다. 그녀는 이제 남편과 같이 있어도 외로웠는데, 그와 같이 있는 것은 외로움을 가중시킬 뿐이었다.16)

그녀가 새로 태어난 윌리엄에게 애정을 쏟지 않으면 안되게 된 경위는 다음과 같이 묘사되어 있다.

> 아이[위리엄]는 태어나서 처음에는 작고 약했지만 곧 튼튼해졌다. 그 애는 짙은 황금색 머리털이 곱슬곱슬한 귀여운 아이였고, 그의 짙푸른 눈은 점점 맑은 회색을 띠어 갔다. 그의 어머니는 그를 <열정적>으로 사랑했다. 그 아이는 어머니에게 환멸의 쓰라림이 가장 견디기 어려울 때, 삶에 대한 그녀의 믿음이 흔들리고 그녀의 영혼이 황량하고 외로울 때 태어났다. 그녀는 아이를 대단히 소중하게 여겼고 아이의 아버지는 그것을 질투했다.17)(<>는 필자의 추가)

이렇게 해서 아버지 월터, 어머니 거트루드, 그리고 아들 윌리엄의 삼자三者가 벌이는 애정 싸움이 시작된다. 그러나 이미 대세는 월터에게는 회복 불가능의 열세를 안겨 준다. 어머니는 아버지에게 환멸을 느껴 그를 경멸하

---

16) Lawrence, *Sons and Lovers*, p. 23.
17) Lawrence, *Sons and Lovers*, p. 23.

고 있으며, 새로 태어난 아들 윌리엄을 <열정적>으로 사랑하고 있기 때문이다. 이처럼 역전된 사랑의 구도 속에서 아버지는 아들을 질투하기에 이른다.

거트루드는 모두 네 명의 자녀를 출산한다. 맏아들인 윌리엄, 장녀인 애니, 둘째 아들인 폴, 그리고 막내아들 아서가 이들이다. 그녀의 주요 관심사는 맏아들 윌리엄과 둘째 아들인 폴이다. 거트루드는 자신이 가진 모든 애정을 윌리엄에게 바친다. 그는 신체가 건강했으며 학교 성적도 뛰어나서 어느 면으로 보나 남이 부러워할 정도의 모범생이었다. "그는 반에서 일등이었으며 그의 선생님은 그가 전교에서 가장 똑똑한 아이라고 말했다. 그녀[거트루드]는 그가 그녀를 위해서 이 세상을 다시 빛나게 해줄 활기찬 젊은이가 될 것이라고 상상했다."[18]

윌리엄이 아깝게도 일찍 죽자 거트루드는 넋을 잃고 만다. 그러나 곧 마음을 돌려 폴에게 자신의 사랑을 쏟는다. 폴은 윌리엄과는 달리 태어날 때부터 병약한 아이였다. 더구나 거트루드는 그 애를 낳는 것 자체를 싫어했다. 이미 그 때에는 그녀가 남편과는 정이 떨어졌기 때문이었다. 그러나 폴이 태어나자 그녀는 그 애에게 죄의식을 느꼈을 뿐만 아니라 그 애가 불쌍하게 보여 더욱 더 그 애를 사랑하게 된다.

> 그녀의 팔에 그 연약한 아기가 안겨 있었다. 그 깊고 푸른 깜빡이지 않는 눈은 항상 그녀를 올려다보면서 그녀의 내면의 생각을 이끌어 내는 것 같았다. 그녀는 남편을 더 이상 사랑하지 않았다. 그녀는 이 아이가 세상에 태어나기를 바라지 않았지만 아기는 이제 그녀의 팔에 안겨서 그녀의 심장을 끌어 당기고 있었다. 그녀는 그 연약한 작은 몸을 그녀의 몸과 이어주던 탯줄

---

18) Lawrence, *Sons and Lovers*, p. 63.

이 아직도 끊어지지 않은 것처럼 느꼈다. [중략]. 그녀는 아이를 자기 얼굴과 가슴에 바짝 당겨 안았다. 그가 사랑 받지 못하고 이 세상에 태어나게 한 것에 대해서 그녀는 자기의 모든 힘과 영혼을 바쳐서 보상할 생각이었다.[19]

이 아이에게로 향한 거트루드의 애정은 그녀가 그를 이름짓는 장면에서 절정에 이른다.

> "아이를 '폴'이라고 부를 테야." 그녀는 자신도 이유를 모르면서 갑자기 말했다.[20]

가부장제에서 남자 아이의 이름을 짓는 것은 대단히 중요한 상징성을 띤다. 그것은 그가 이제 가부장제의 일원이 되었음을 공공연하게 드러내는 것으로, 이러한 이름짓기는 아버지의 몫이다. 그런데 어머니인 거트루드가 자신의 아들의 이름을 아무 하고도 상의하지 않고 독자적으로 결정하여 지은 것은 대단히 중요한 의미를 가지는 것이다. 이는 그녀가 가부장제에서 중요한 몫을 하겠다는 의지의 표출인 동시에, 폴을 월터의 아들이 아닌 자신의 아들로 만들겠다는 강한 염원의 표현이기도 하다. 그렇다면 거트루드의 이러한 행동 뒤에는 어떤 의미가 있는지 살펴볼 필요가 있다.

5. 거트루드, 자신의 둘째 아들을 폴이라고 이름 지어주다

거트루드의 이 같은 행동은 언뜻 보면 갑작스럽고 의외로 보일지 모르지

---

19) Lawrence, *Sons and Lovers*, pp. 50-51.
20) Lawrence, *Sons and Lovers*, p. 51.

만, 사실은 그렇지 않다. 우리는 이 소설의 처음 부분에 나오는 다음과 같은 묘사를 기억할 필요가 있다.

> 그녀에게는 자신의 아버지가 모든 남자의 표본이었다. 그의 이름은 조지 커퍼드. 그의 거동에는 자존심이 드러났으며 잘 생기고 약간 신랄했다. 신학 책을 읽기를 좋아했으며 오직 한 사람 사도 바울[폴]에게만 공감을 느꼈다. 가정교육에 있어 엄했으며 친한 사이에는 빈정대는 편이었고 모든 감각적인 쾌락은 그렇게 중요하게 여기지 않는 사람이었다. 그는 광부[월터]와는 전혀 딴판이었다.[21]

이 소설에는 거트루드의 가족 관계가 자세하게 나오지는 않는다. 그런데 이 같은 그녀의 아버지의 묘사를 읽는 것은 조금은 의외라고 느껴진다. 더구나 그녀의 어머니에 대한 언급이 전혀 없는 것을 생각한다면, 그녀에게 아버지의 영향력이 대단히 컸음을 알 수 있다. 그녀가 아버지를 생각하지 않고 있는 듯했음에도 불구하고 그녀는 언제나 아버지 생각을 하며 살고 있었음에 틀림없다. 이 같은 그녀의 무의식 속에 존재하던 잠재의식이 자신의 둘째 아들을 명명命名하는 순간 표출된 셈이다. 이런 이유로 해서 그녀는 자신의 아버지의 기억을 떠올리며, 그가 가장 관심을 가졌던 사도 바울[폴]의 이름을 자신의 아들에게 주게 된다. 이렇게 볼 때, 거트루드는 비록 여성임에도 불구하고 가부장제의 권력 구조 속에 자신을 편입한 셈이다. 이러한 그녀의 입장을 설명하기 위해 우리는 부르디외(1930-2002)가 말하는 아비투스라는 개념을 원용할 필요가 있다.

　부르디외는 사회에서 교육이 차지하는 중요성에 큰 관심을 가졌던 프

---

21) Lawrence, *Sons and Lovers*, p. 18.

랑스의 사회학자였다. 그는 사회의 구성원이 학교 교육 등 정규 교육을 똑같이 받았음에도 불구하고 어떤 사람은 사회적으로 신분 상승에 성공하는 반면 또 다른 부류의 사람들은 그렇지 못 하다는 사실에 관심을 가졌다. 그는 연구를 통해 이처럼 동일한 정규 교육에도 불구하고 사회 진출에서 개인차가 나는 것은 <아비투스>habitus때문이라고 설명한다. 그는 아비투스를 "지속적이며 전이轉移 가능한 정의[태도]의 체계"라고 정의한다.22) 이를 좀 더 쉬운 말로 설명하면, 어린이가 어려서 가정에서 자라는 동안 그는 자신의 집에서 행해지는 의식적이거나 무의식적인 행동 관행을 보고 자라게 마련이다. 그러는 사이 아이는 이러한 행동 관행을 체화하여 성인이 된 후에도 이를 자신의 생각과 행동의 근간으로 삼게 된다. 이러한 관행은 한시적인 것이 아니라 상시적常時的인 것이기 때문에 어린이가 커서 성인이 되어 새로운 환경 속에 놓이게 될 때에도 그가 습득한 아비투스는 새로운 환경에 맞는 행동 방식을 생성하게 된다. 따라서 아비투스는 어린이가 가정에서 습득한 문화의 창조적인 생산 방식인 동시에 새로운 환경에 능동적으로 그리고 구체적으로 적응하게 하는 행동 모델인 셈이다. 거트루드는 어려서 자신의 가정에서 이러한 아비투스를 습득했는데, 이러한 습득 과정에서 아버지가 전형典型이 된 셈이다. 그녀의 아버지는 문화적인 측면에서 월터와는 정반대 되는 인물이었다. 이제 자신의 둘째 아들을 폴이라고 이름지음으로써 그녀는 아버지로부터 그녀에게로 이어지는 아버지의 법을 폴로 하여금 계승시키려고 하는 셈이다. 이렇게 볼 때 그녀가 생물학적으로는 여성이지만, 사회적인 기능의 입장에서 볼 때는 남성적인 역할을 한다. 더구나 그녀가 남편과 상의하지도 않고 독자적으로 자신의 아들에게

---

22) Bourdieu, p. 134.

이름을 부여하는 행위는 곧 아버지가 자신의 아들을 가부장제에 편입시키는 것과 같은 상징성을 갖는다.

가부장제는 남성이 독점적으로 권력을 행사하는 이데올로기 체제라고 생각하기 쉽다. 그러나 가부장제는 남성이라는 생물학적인 성별을 가진 주체가 독점적으로 권력을 장악하고 있는 체제라기보다는 남성적 이데올로기를 실천하는 체제라고 말하는 것이 오히려 더 정확하다. 따라서 가부장제에서는 자격 미달의 남성보다는 남성 중심적 사고와 행동을 하는 주체가 권력의 핵심에 진출할 수 있는 체제라고 말할 수 있다. 이 같은 예는 영국의 엘리자베스 2세 여왕의 경우를 대표적인 예로 들 수 있다. 그녀는 성적으로 여성이지만, 남성 중심적인 입헌 군주제에서 남성적인 권력을 수행하기 때문이다. 이러한 논리는 거트루드에게도 똑같이 적용된다. 그녀는 여성이지만 가정에서 남편인 월터를 배제하고 가부장적인 권력을 행사하기 때문이다. 그녀가 이렇게 가정에서 가부장적인 권력을 행사할 수 있는 이유는 그녀가 가부장제의 이념을 결혼하기 전 아버지로부터 전수 받았을 뿐만 아니라, 가정에서 이를 아비투스로 생활화했기 때문이다. 결혼 후 남편과의 애정이 식자 그녀는 자신의 아들들을 통해 가부장제의 이데올로기를 실현하여 신분 상승을 하기로 마음먹는다. 이 같은 거트루드의 이념적 경향은 그녀가 월터와 다투는 가장 핵심적인 이유이다. 이는 그녀가 남편과의 싸움의 원인이 무엇인가를 보여주는 다음과 같은 묘사에서 잘 드러난다.

> 남편과 아내 사이에서 싸움이 시작되었고 그것은 어느 한 쪽이 죽어야만 끝날 정도로 끔찍하고 피비린내 나는 싸움이었다. 그녀는 남편이 <책임감>을 가지고 자신의 <의무>를 다 하도록 만들려고 싸웠다. 그러나 그는 그녀

와 너무 달랐다. 그의 본성은 순전히 감각적이었고 그녀는 그를 도덕적이고 종교적으로 만들려고 노력했다. 그녀는 그가 사물을 직시하도록 만들려고 애썼다. 그는 그것을 참을 수 없었다. 그는 미칠 지경이었다.[23](<>추가)

여기서 우리는 거트루드와 월터의 싸움의 원인이 무엇인지를 알 수 있다. 그녀는 남편에게 <책임감>과 <의무>를 가르치려고 애쓴다. 이러한 덕목들은 가부장제에서 가장 중요한 가치들로 여겨지는 것들이다. 그녀는 이런 덕목들을 실행하도록 결혼하기 전에 가정에서 아비투스로 교육되어졌으나, 월터는 하층민 출신이기 때문에 이런 것에 대한 교육이 전혀 없다. 그의 본성은 순전히 감각적이기 때문에 순간의 기분에 따라 행동할 뿐 미래에 대한 대비나 계획이 전혀 없기 때문이다. 이에서 더 나아가 그녀는 그를 도덕적이고 종교적으로 만들려고 하지만, 이 같은 덕목은 책임감이나 의무에 대한 교육보다 더 높은 형이상학적 차원이기 때문에 이에 대한 그녀의 교육은 월터에게는 지겹게만 느껴질 뿐이다.

맏아들인 윌리엄이 어렸을 때 월터가 어떻게 그를 다루는지에 대한 묘사를 보면 월터가 가정에서 어떤 행동을 했는지를 잘 알 수 있다.

아이[윌리엄]가 아직 어렸을 때 아이 아버지가 아주 성을 잘 내기 때문에 아이를 그에게 맡길 수가 없었다. 아이가 조금이라도 말썽을 부리면 그는 아이를 위협했다. 게다가 광부의 거친 손으로 아기를 때렸다. 그럴 때면 모렐 부인은 남편을 미워했고 그것은 며칠씩 지속되었다. 그러면 그는 밖으로 나가 술을 마셨고 그녀는 그가 무슨 일을 하든지 거의 개의치 않았다.[24]

---

23) Lawrence, *Sons and Lovers*, p. 23.
24) Lawrence, *Sons and Lovers*, p. 23.

이러한 묘사에서 우리는 거트루드와 월터의 행동 방식의 차이를 잘 알 수 있다. 월터는 자식을 자신의 소유물처럼 생각하여 마음에 안 들면 자식에게 폭력을 거침없이 사용한다. 이 소설이 써졌을 당시의 영국에서는 물론 부모가 자식에게 폭력을 행사하는 것이 대수롭지 않게 여겨지던 시대이기는 하지만, 이는 분명 어린이 학대라고 말할 수 있다. 윌리엄이 어렸을 때, 그는 밖에서 다른 아이와 싸운 적이 있다. 그러나 이 사실을 다른 아이의 어머니가 월터에게 알려줬다. 그러자 월터는 집에 와서 윌리엄을 보자 때리려고 한다. 이를 두고 거트루드와 월터는 대결한다.

> "밖으로 나가!" 모렐 부인이 아들[윌리엄]에게 명령했다.
> 윌리엄은 몸을 움직일 정신이 없었다. 갑자기 모렐이 주먹을 꽉 쥐고 몸을 웅크리고 달려들 자세를 취했다.
> "내가 이 녀석을 때려서 쫓아낼 거야!" 모렐이 미친 사람처럼 소리 질렀다.
> "뭐라고요! 그 여편네 말 때문에 그 애의 몸에 손대도록 할 수는 없어요. 그렇게는 안 돼요." 모렐 부인이 분노로 헐떡거리며 소리쳤다.
> [중략]
> "감히 그렇게만 해봐요!" 그녀가 크고 울리는 목소리로 말했다. "감히 해봐요, 이 양반아. 어디 아이에게 손가락 하나라도 감히 건드리기만 해봐요. 평생 후회할 거요."
> 그는 그녀가 두려웠다.[25]

이 장면 묘사는 거트루드와 월터의 폭력에 대한 상반된 태도를 아주 잘 보여준다. 월터는 윌리엄에게 폭력을 사용하여 아버지의 권위를 보이려고 한다. 그러나 이 같은 월터의 행동에 맞서 거트루드는 단지 언어만을 사용하여 그의 행동을 제어한다. 여기서 우리는 그녀의 언어의 힘이 직접적인 폭

---

25) Lawrence, *Sons and Lovers*, pp. 67-68.

력보다 더 큰 위력을 가지고 있음을 알 수 있다. 월터는 힘에 있어서는 그녀보다 훨씬 우위에 있지만, 그녀의 언어 사용은 그녀를 우위에 놓았기 때문이다. 알튀세는 이데올로기가 가정, 교회, 학교 등 그가 소위 말하는 이념적 국가 장치의 소프트 파워를 통해 침투되고 유지된다고 주장한다. 거트루드가 보여주는 것은 바로 언어를 통한 어머니의 부드러운 힘이 어떻게 해서 이데올로기를 작동시키는 원동력이 되는가를 보여준다.

거트루드와 월터의 이런 대결이 있은 후 거트루드는 월터와 윌리엄이 어떤 직업을 가질 것인가에 대해 의견을 나눈다. 윌리엄은 이제 13세가 되어 노동 능력이 생겼기 때문이다. 월터와 거트루드의 대화는 다음과 같다.

> "그 애를 나와 함께 탄광에 넣으면 처음부터 쉽게 주당 10실링은 벌 거야. 그런데 의자에서 바지 엉덩이를 닳게 하면서 6실링을 버는 것이 나와 함께 탄광에서 10실링 버는 것보다 낫단 말이지."
> "그 애는 탄광에서 일하지 않을 거예요." 모렐 부인이 말했다. "그리고 그 이야기는 여기서 끝내요."26)

거트루드는 윌리엄이 초임이 사무원보다 높은 광부가 되지 않고 사무원으로 취직시키겠다는 결심을 분명히 함으로써 그녀 자신의 신분 상승 욕망을 아들들을 통해 실현하겠다는 의지를 밝힌 셈이다.

6. 이데올로기는 언어가 지배하는 체제이다

라캉은 주류 이데올로기인 아버지의 법이 지배하는 체계를 상징계라고 부

---

26) Lawrence, *Sons and Lovers*, p. 69.

른다. 따라서 어느 한 사회를 지배하는 이데올로기는 상징계인 셈이다. 그는 이러한 상징계는 곧 언어가 대타자大他者로서 군림하는 체계라고 주장한다. 그렇다면 언어가 어떻게 해서 상징계에서 이처럼 중요한 위치를 차지하는 것일까? 이에 대해 에번스는 다음과 같이 설명한다.

> 교환의 가장 기본적인 형태는 의사소통이고 법과 구조의 개념은 언어 없이 생각할 수 없기 때문에 상징계는 필연적으로 언어학적 영역이다.27)

이렇게 볼 때 상징계로서의 주류 이데올로기에서 지배적인 위치를 차지하는 아버지의 법은 언어에 의해 작동함을 의미한다. 이러한 이데올로기에서의 언어의 작동을 아주 잘 보여주는 전형적인 사회가 영국이다. 영국에서는 아직도 귀족이 존재하며, 언어는 지역에 따른 구분으로 분류되는 것이 아니라 계급에 따라 분류되기 때문이다. 표준어는 교육받은 엘리트층이 사용하는 언어인 반면 지역 사투리는 하층민들이 사용하는 언어이다. 이러한 차이는 모렐 가家의 경우에 극명하게 드러난다. 월터는 하층민들이 사용하는 미들런즈 방언을 사용하는 반면, 거트루드는 언제나 표준어를 사용한다. 따라서 어머니의 가정교육을 받은 아이들은 표준어를 몸에 익히게 된다. 이렇게 표준어를 익히게 된 폴은 아버지를 대신해서 사무실에 가서 그의 급료를 받는 일을 하게 된다. 급료를 타는 과정에서 그는 광부들의 세계를 엿보게 되면서 그는 자신이 그런 세계의 일원이 되고 싶지 않다는 것을 거트루드에게 단호하게 말한다.

> "전 앞으로 사무실에 가지 않을래요." 그가 말했다.

---

27) Evans, p. 201.

"왜, 무슨 일인데?" 그의 어머니는 놀라서 물었다. 그의 갑작스런 분노는 그
녀에게는 조금 재미있는 일이었다.

"더 이상 가지 않을 거예요." 그가 선언했다.

[중략]

"그래, 좋아. 하지만 그것 가지고 나에게 큰소리를 지를 필요는 없다."

"그 사람들은 가증스럽고 천하고 증오스러워요. 그리고 전 앞으로 가지 않
을 거예요. 브레이스웨이트 씨는 <h>를 발음하지 않고 윈터보텀 씨는 문법
에 맞지 않게 말해요."[28]

위에 인용한 폴과 어머니의 대화는 아주 중요한 사실을 우리에게 보여준
다. 폴은 지금까지 어머니의 표준어에만 익숙해 살아왔다. 그런데 어느 날
그는 방언을 쓰는 하층민들의 세계에 역겨움을 느끼게 된다. 그것은 아버
지의 급료를 대신 타면서 알게 된 세계로 거기서 그는 아버지의 이름으로
불리는 자신의 호명呼名을 듣게 된 것이다.

"월터 모렐!" 우렁찬 목소리가 들려 왔다.

"여기요." 폴이 들리지 않는 작은 목소리를 냈다.[29]

이런 경험을 한 폴은 아버지와 자신이 동일시되는 것에 혐오감을 느낀다.
이제 그는 이데올로기에 의해 호명 받고 <들리지 않는 작은 목소리>를
내는 자신의 초라한 모습에 역겨움을 느낀 셈이다. 알튀세에 따르면 "모든
이데올로기는 구체적인 개인들을 구체적인 주체들로 부르거나 호명한다"
고 주장한다.[30] 이 경우 폴은 아버지의 이름으로 호명됐는데, 그는 아버지

28) Lawrence, *Sons and Lovers*, p. 93.
29) Lawrence, *Sons and Lovers*, p. 91.
30) Althusser, p. 245.

와 자신의 동일시를 거부한 셈이다. 이 같은 자신과 아버지의 동일시를 거부한 가장 큰 요인은 사무실에서 일하는 하층민들이 천하다는 것이었지만, 좀 더 구체적인 이유는 이들이 사투리를 쓰기 때문에 <h>를 발음하지 않고 문법에 맞지 않는 영어를 쓴다는 사실이었다. 어머니의 표준 영어를 몸에 익힌 폴에게는 이런 언어 사용은 혐오감을 일으키기 때문이다.

청년이 된 폴은 탄광이 아닌 외과 의료 기구 판매회사에 취직하게 되는데, 그는 입사 면접에서 언어에 관련된 새로운 경험을 하게 된다. 단순히 표준 영어에 관한 것이 아니라 프랑스어에 관한 것이었다. 그것은 프랑스어의 <doigts>라는 단어를 번역하는 문제였다. 이 단어는 원래는 손가락을 의미하지만, 문맥에 따라 여성 내의의 경우에는 발가락을 의미할 수도 있었다. 폴은 이를 손가락으로 번역했지만, 면접관인 조던 씨는 이 단어가 발가락이라고 말했다. 폴은 이런 그의 말이 납득이 가지 않았다. 그럼에도 불구하고 그는 이 회사에 채용되었다.

여기서 우리는 몇 가지 사실에 유의할 필요가 있다. 언어가 주축을 이루는 상징계는 어느 의미에서는 자의적이고 독단적인 측면이 있다는 사실이다. 이는 위에서 든 예에서 보듯 doigts는 통상적인 의미말고도 다른 의미로 읽힌다는 사실에서 드러난다. 언어는 기표와 기의의 일대일의 고정적인 체제가 아니라 기표와 기의가 서로 유리되어 있는 자의적恣意的인 체계이기 때문이다. 또한 여기서 우리는 프랑스어가 가지는 특별한 위치를 알 필요가 있다. 프랑스어는 상류층이 사용하는 영국 표준어를 넘어서는 고급 언어라는 사실이다. 따라서 폴은 표준 영어와 프랑스어의 지식 때문에 신분 상승에 성공한 셈이다. 또한 우리는 그가 상징계에서 주도권을 행사하고 있는 조던 씨라는 상징적인 아버지를 만나게 된다. 그의 프랑스어 번역에서 나타나듯이 그는 어느 정도까지는 독단적이다. 이렇게 볼 때 상징계 또는 이데올로기 체제가 독단적이며 억압적인 측면이 있음을 알 수 있다. 이렇게 해서 입사가 확정된 폴은 조던 씨로 대표되는 상징적 아버지를 만나게 되어 천민 출신의 생부인 월터와는 단절하게 된다.

조던 씨의 독단적인 처사를 경험한 폴은 마음속으로 대단한 불쾌감을 느끼게 된다. 이런 폴과 어머니 사이의 대화는 상징계의 특징에 대해 많은 것을 암시한다.

> "염려하지 마라, 애야. 그는 괜찮은 사람일 거야. 넌 그 사람을 자주 볼 일이 없을 거야." [중략]
> "하지만 조던 씨는 교양이 없지 않았어요, 엄마?" [중략]
> "사람들에게 그렇게 신경 쓸 필요가 없단다. 그들이 네게 불쾌하게 대하는 게 아니야. 그게 사람들 방식이란다. 넌 언제나 사람들이 네게 어떤 의도를 가지고 있는 것으로 생각하지만 그렇지 않단다."[31]

이러한 거트루드의 말에는 상징계는 감정이나 본능에 의해 즉흥적으로 작동하는 체계가 아님을 말하는 것이다. 라캉에 따르면 주체가 언어가 지배하는 상징계에 진입한다는 것은 어머니와의 합일이 이루어지던 즉자적卽自的인 오이디푸스 기 이전의 상상계를 떠나 언어가 단지 떠다니는 기표로 작동하는 세계에 진입함을 의미한다고 주장한다. 이러한 상징계에서는 기표와 기의의 합일로 전제되는 감정과 언어의 일치는 불가능하다. 거트루드가 폴에게 들려 준 말은 이 같은 라캉의 언어에 대한 이론으로 설명될 수 있다. 이제 폴은 더 이상 언어[기표]와 지시 대상[기의]이 합치하리라고 하는 전제에서 벗어나야 한다고 그녀는 충고한 셈이다. 기표와 기의는 서로

---

31) Lawrence, *Sons and Lovers*, pp. 121-122.

고정 불변하는 관계를 가지고 있지 않음을 거트루드는 알고 있는 셈이다. 이것이 곧 문화가 의미하는 바이고 이데올로기의 작동 원리이기 때문이다. 폴은 이제 외과 기구 회사에 취직함으로써 비인간적이고 매정한 기표에 의해 작동하는 상징계에 진입한 셈이다. 이것이 바로 빠롤*parole*이 아닌 랑그*langue*가 작동하는 세계의 특징이기도 하다.

7. 결론을 대신하여: 오이디푸스 콤플렉스는 생득적인가 아니면 문화적/후천적인가?

『아들과 연인』을 읽는 데 있어 언제나 문제가 되는 것은 이 소설이 로렌스 자신의 자전에 기초한 작품이라는 점이다. 이러한 이유로 인해 이 소설의 주인공인 폴이 로렌스 자신을 모델로 하고 있으며 또한 그가 이 소설에서는 전형적인 오이디푸스 콤플렉스를 드러내고 있다는 점이다. 우선 폴은 다른 아이들이 이미 어머니의 침대에서 자기를 그만둔 때가 돼서도 여전히 어머니의 침대에서 그녀와 함께 잔다. 남자 아이가 일정한 나이가 돼서도 아직도 어머니와 같은 침대를 쓰는 것은 서양에서는 금기로 여겨진다. 그가 아플 때 자기 침대에서 혼자 자지 않고 어머니와 함께 잔다.

> 폴은 어머니와 함께 자는 것을 좋아했다. 위생학자들이 뭐라고 말하건 잠은 사랑하는 사람과 같이 잘 때 가장 완벽한 것이다. 따뜻함과 영혼의 안정감과 평화, 다른 사람과의 접촉에서 오는 궁극적인 평온함이 깊이 잠잘 수 있게 해주어 몸과 영혼을 완전한 치유의 길로 이끌어 가는 것이다. 폴은 그녀에게 몸을 대고 잠이 들었으며 훨씬 몸이 좋아졌다.[32]

폴은 또한 아버지가 죽게 해 달라고 기도함으로써 아버지에 대한 미움을
자신의 종교의 신조로 삼을 정도다.

> 폴은 아버지를 미워했다. 어린 소년이었을 때 그는 혼자만의 종교를 열렬히
> 믿었다.
> "아빠가 술을 끊게 해 주소서." 그는 매일 밤 기도했다.
> "하나님, 아빠가 죽게 해주소서." 그는 아주 종종 기도했다.
> "아빠가 탄광에서 죽게 해주소서." 차 마실 시간이 지난 후에도 그의 아버
> 지가 일터에서 돌아오지 않았을 때 그는 이렇게 기도했다.[33]

그리고 폴은 다른 애들과는 달리 커서도 어머니와 함께 사는 것이 그의 소
망이었다. 이는 당시 영국의 다른 아이들과는 다른 사고방식인데, 대개의
아이들은 크면 결혼해서 부모 곁을 떠나고 싶어하기 때문이다.

> 실질적인 생활과 관련해서 그의 야망은 집 근처에서 매주 30실링에서 35실
> 링 씩 벌며 조용히 살다가 아버지가 죽은 뒤에는 어머니와 자그마한 집을
> 마련하여 마음 내키는 대로 그림을 그리거나 나돌아다니며 행복하게 사는
> 것이었다.[34]

이렇게 어머니에게 의존적인 심리 상태를 가지고 자란 폴은 커서도 다른
여성과의 관계를 정상적으로 갖지 못한다. 그는 미리엄과 깊이 사귀게 되
지만 어머니의 적극적인 반대로 결혼에 성공하지 못하며, 기혼녀인 클라라
와도 성적인 관계를 맺지만 결국 그녀를 남편에게 돌아가게 함으로써 그

---

32) Lawrence, *Sons and Lovers*, p. 87
33) Lawrence, *Sons and Lovers*, p. 79.
34) Lawrence, *Sons and Lovers*, p. 113.

녀와의 관계는 끝난다. 이렇게 볼 때 우리는 그가 프로이트가 말하는 오이디푸스 콤플렉스를 가진 전형적인 인물이라고 볼 수 있지 않겠는가?

그러나 우리가 이 소설의 주인공을 이렇게 단정하는 것은 여러 가지 상황을 고려할 때 좋은 결론이라고 말할 수는 없다. 거트루드는 남편으로부터 사랑의 감정이 완전히 사라진 후에 아들들을 낳았다. 첫 아들인 윌리엄은 남성다웠고 명석한 두뇌를 가졌었는데, 그녀로부터 떨어져서 타향에서 직장생활을 하는 동안 뜻밖에 젊은 나이에 죽고 만다. 폴은 윌리엄과는 달리 기관지염을 자주 앓는 병약한 아이였다. 윌리엄이 죽자 거트루드는 내키지는 않았지만 폴을 윌리엄을 대신하는 아들로 생각하여 그에게 모든 정성과 애정을 쏟는다. 반면 폴은 어머니로부터 인정을 받기를 절실히 원하는 입장에 있었다. 그는 윌리엄과는 달리 남성적이고 건강한 기질을 타고나지 못했기 때문이다. 이러한 상황에서 모자母子는 서로에 의존하고 인정받는 관계를 맺는다.

이 둘의 관계에서 우리가 유의해야 할 것은 거트루드가 가지고 있는 신분 상승에 대한 욕망과 문화적인 교양이다. 그녀는 자신의 아들들이 남편처럼 사회의 하층민인 광부가 되는 것을 한사코 반대한다. 또한 그녀는 몰락한 부르좌 가정 출신이기 때문에 결혼 전에 문화적인 생활과 사고방식에 노출돼 있었다. 더구나 그녀는 월터가 미들런즈 사투리를 언제나 쓰는 것과는 달리 표준 영어를 구사하는 인물이다. 이러한 어머니의 문화적인 유산과 표준 영어의 구사는 아들들에게 전수된다. 이리하여 윌리엄과 폴은 모두 하층민의 생활에서 벗어나 도시에서 사무직종에 취직할 수 있게 된다.

이렇게 볼 때 거트루드는 자신의 잃어버린 남편에 대한 애정을 아들들에게서 찾으려 한다. 그러는 과정에서 그녀의 아들들에 대한 신분 상승 욕망이 작동하여 그들에게 세련된 문화적 자산과 표준 영어를 전수시키게 된다. 따라서 폴이 그의 어머니에게 의존적이 된 것은 그 자신의 필요에 의한 것이며, 그의 어머니가 그를 소유적인 애정의 속박으로 묶어 놓은 것은 그녀의 신분 상승 욕구에 기인한 것으로 볼 수 있다. 이렇게 볼 때 폴이 보이는 오이디푸스 콤플렉스는 단순히 생물학적인 본능의 표출이라기보다는 문화적인 측면이 강하다고 말할 수 있다. 따라서 이 소설을 단순히 오이디푸스 콤플렉스라는 단순한 도식을 대입하여 읽을 경우 많은 것을 잃는 위험을 감수해야만 할 것이다.

6
·········

『황무지』와 엘리엇의 동성애

1. 시작하는 말

20세기도 거의 다 저물어 가는 1998년 6월 8일 자 『타임』은 엘리엇을
"금[20]세기의 가장 유명한 영어권 시인"이라고 밝히면서 그를 20세기의
100대 예술가와 연예인의 하나로 선정 발표했다. 이 잡지는 엘리엇이 20세
기의 가장 탁월한 영어권 시인으로 선정된 이유로 그의 대표작인 『황무
지』(1922)를 꼽으면서 그에 관한 기사의 부제로 "그는 『황무지』에서 혹독
한 구원을 제시했다"고 선정 이유를 밝히고 있다. "혹독한 구원"이라고 번
역한 영어 원문은 "stark salvation"을 한국어로 번역한 것이다.[1] 우리는 여
기서 『황무지』가 왜 혹독한 구원을 제시하는가에 대해 의아해 한다. 엘먼
은 그의 저서에서 이 시에 대해 다음과 같이 말한다.

---

1) *Time*, June 8, 1998, p. 55.

[런던의] 로이즈 은행의 가장 유명한 행원[인 엘리엇]은 50년 전[1922년]에 시의 흐름을 바꿔 놓았다. 조이스가 말한 바와 같이 『황무지』는 숙녀들에게 시란 무엇인가에 대한 이제까지의 개념을 종식시켰다.[2]

그렇다면 이제 우리는 "혹독한 구원"이 무엇이고 숙녀들에게 시란 무엇인 가에 대한 이제까지의 개념이 무엇인가를 우선 알 필요를 느끼지 않을 수 없다. 혹독한 구원이란 언뜻 보면 이 시가 보여주는 이 시의 의미 또는 내 용이라는 착각을 불러옴직도 하지만, 그렇다기보다 이는 이 시의 시 쓰기 방법으로 보는 것이 좀 더 타당할 것이다. 우리가 이렇게 생각할 수 있는 이유는 이 시가 이전까지의 시 쓰기를 혁신적으로 개혁했다는 측면에서 그렇게 말할 수 있다. 즉, 이 시는 조이스가 말한 바와 같이 숙녀들에게 시 란 무엇인가에 대한 이제까지의 개념을 완전히 타파한 후, 그 자리에 새로 운 시 쓰기의 기법으로 써진 새로운 시가 우뚝 섰음을 보여줌으로써 그 독 창성과 혁신성을 드러낸다.

서양에서의 글쓰기는 사실상 아리스토텔레스가 그의 『시학』에서 제시 한 기준에 맞춰 만들어진 글쓰기의 전통이다. 그는 비극으로 대표되는 글 쓰기의 전범典範에 대해 여러 가지 기준을 제시하지만, 그 중에서도 가장 중 요한 기준은 다음과 같은 기준이다. 그는 "비극은 완전하고 총체적인 행동 의 묘사"라고 말한다. 물론 여기서 그가 말하는 비극이란 단순히 연극의 한 장르로서의 비극만을 말하는 것이 아니라 모든 문학의 원형으로서의 비극을 말하는 것이다. 그러면서 그는 "총체성이란 처음과 중간과 종결을 가지고 있는 것이다"라고 정의한다.[3] 아리스토텔레스의 이 같은 정의는

---

2) Ellmann, p. 155.
3) Aristotle, p. 96.

서양 문학에서 파기 불가능한 금과옥조로 여겨져 왔다. 문학 작품이 시작과 중간과 종결이 있어야 한다는 아리스토텔레스의 생각은 이성 중심적 사고방식에 기초한 것으로 이는 문학이 순차적인 서술의 전개라는 구조미학적 기초 위에 서 있어야 함을 천명한 것이다. 그렇다면 아리스토텔레스가 말하는 플롯의 시작, 중간, 그리고 종결이라는 구도는 어떤 가정 하에서 성립이 가능한 것일까? 그것은 바로 고대 그리스 철학 이래로 사유의 근간으로 여겨지는 로고스λογος에 대한 믿음의 바탕 위에서 성립이 가능한 것이다. 진리, 말씀 등으로 해석되는 로고스라는 개념은 인간 이성의 우월성을 그 가정의 근간에 두고서 성립될 수 있는 개념이다. 아리스토텔레스가 말하는 문학의 플롯이 작가라는 인간의 로고스의 산물이고, 문학 작품이 이러한 작가의 로고스의 발현이라면, 우리는 문학 작품에 담긴 내용 또한 인간의 이성이 추구하는 바라는 사실을 인정하지 않을 수 없다. 이렇게 볼 때 문학 작품에 처음, 중간, 그리고 종결이라는 로고스의 추구 과정이 궤적으로 그려진다는 사실은 쉽게 이해된다.

따라서 이제까지 시란 무엇인가라는 개념이 『황무지』에 의해 종식됐다고 하는 주장은 이 시에는 로고스[이성]의 발현인 서사敍事가 존재하지 않음을 의미할 뿐만 아니라, 이러한 로고스의 구성 원리인 시작과 중간과 종결이라는 순차적 전개가 더 이상 존재하지 않음을 의미한다. 이는 시 쓰기뿐만 아니라 문학 창작 및 문학 비평에서 대단히 혁명적인 사건이 아닐 수 없다. 이러한 혁명적인 사건이 의미하는 바는 대단한 후폭풍을 수반한다. 그것은 순차적이고 이성적인 전개가 전제된 서사의 붕괴를 의미할 뿐만 아니라, 이러한 전개의 작동 원리로 여겨지던 로고스가 중심의 자리에서 사라짐을 의미한다. 따라서 우리는 이 시에서 탈 중심적 사건을 읽게 되는 셈이다. 이처럼 엘리엇이 『황무지』에서 보여준 탈 중심성은 이제까지 만능으로만 생각되던 로고스[이성]가 어떻게 작동하지 <못하는가>를 보여준다. 이런 의미에서 볼 때 이 시는 엘리엇 이후의 작가들에게는 혹독한 구원이 되는 셈이다.

이 시에 중심이 부재 한다는 사실은 엘리엇 스스로가 한 몇 개의 언명에 의해서도 분명히 드러난다. 이러한 언명 중에서 가장 중요한 것은 엘리엇이 도널드 홀과 가진 대담에서 그 자신이 이 시를 "구조가 없는"structureless[4] 것으로 묘사했다는 사실이다. 물론 이 시를 읽는 독자의 입장에서 보면 이 시에 구조가 없다는 사실은 분명하지만 이 시의 저자인 시인 자신이 이렇게 말했다는 사실은 그 자신도 이 시에 틀로서의 구조를 만들지 않고 이 시를 썼음을 드러낸다는 측면에서 우리에게 시사示唆하는 바가 많다. 이에서 더 나아가 같은 대담에서 엘리엇은 이렇게 말한다. "『황무지』에서 나는 내가 말하는 바를 내가 이해하고 있었는지에 대해서조차 개의하지 않았다."[5] 이 같은 엘리엇 자신의 말을 곧이곧대로 받아들일지 어떨 지에 대해 우리는 대단한 혼란을 경험한다. 우리가 엘리엇 자신의 이런 말을 받아들일 경우 우리는 적어도 다음 두 가지 입장을 취할 수 있다. 그 첫 번째 입장은 그가 이 시를 쓰는 과정에서 그의 시 쓰기는 의식이 아닌 무의식에 의해 주도됐다는 가정이다. 또 다른 가정은 이 시는 그가 의도한 바를 드러내는 글쓰기가 아니라 그가 의도한 것을 다르게 말하는 글쓰기라는 사실이다. 이렇게 볼 때, 이 시는 엘리엇의 복화술腹話術을 드러내는 시인 셈이다. 이 시에 대한 진실은 이 두 입장 모두의 합일 수도 있고, 또는 그 중간에 위치할 수도 있다.

---

4) Hall, "The Art of Poetry," p. 54.
5) Hall, "The Art of Poetry," pp. 63-4.

이 시에 중심이 없다는 사실은 이 같은 엘리엇 자신의 해명말고도 이 시에는 엘리엇이 의도한 것과 독자가 생각하는 의미 사이의 괴리에 의해서도 드러난다. 이 같은 괴리는 적어도 다음 두 개의 예에서 찾아질 수 있다. 그 첫 번째 예는 팩시밀리 판에 나오는 엘리엇의 다음과 같은 말에서 찾을 수 있다.

> 여러 비평가들은 이 시[『황무지』]를 현대 세계의 비평이라는 관점에서 해석함으로써 나에게 영광을 돌렸고, 이 시를 정말로 중요한 사회 비평으로 여겨오곤 했다. [그러나] 이 시는 나에게는 삶에 대한 개인적이고 하잘 것 없는 푸념을 털어놓은 것이다. 이 시는 단지 불평을 운율에 맞춰 쓴 것일 뿐이다.6)

이 같은 엘리엇 자신의 언명은 이 시에 대해 당시에 주류를 이루던 비평 기조에 찬물을 끼얹는 충격적인 발언이 아닐 수 없다. 엘리엇의 이 시에 대한 이 같은 언급은 이번이 처음은 아니다. 그는 자신의 『비평 선집』에 실린 「램버스 이후의 사색」이라는 글에서도 이와 비슷한 말을 한 적이 있기 때문이다. 그는 이렇게 말한다.

> 내가 『황무지』라는 제목의 시를 쓸 적에 나에게 긍정적인 몇몇의 비평가들은 내가 [이 시에서] '우리 세대의 환멸'을 표현했다고 말한 적이 있으나, 그것은 말도 안 되는 소리이다. 나는 그들이 보기에는 그들의 환멸에 대한 환상을 표현했을 지는 모르나 그것은 내 의도의 일부분은 아니었다.7)

엘리엇은 1932년에서 1933년까지 1년 동안 하버드 대학교에 초청되어 <찰

---

6) Eliot, Facsimile p. 1.
7) Eliot, "Thoughts after Lambeth," p. 368.

스 엘리엇 노튼 기념 강좌>라는 제목으로 강연한 적이 있다. 이 강연의 내용이 묶여 『시의 효용과 비평의 효용』이라는 책으로 출간되었다. 이 책에서도 그는 그 자신의 일반적인 시 쓰기의 관행에 대해 말하고 있다. 이 책에 실린 엘리엇의 언급 중에는 그의 시에서 경험이 어떻게 드러나는지에 대한 다음과 같은 말은 우리가 주의를 기울여야 할 대목이다.

> '어떤 특정한 시인이 진정한 시인이기 위해서는 자신의 경험을 전달할 필요성을 절실히 느낀다'라고 말하는데, 나는 이에 대해 의구심을 가지고 있다. 이러한 말은 깊이 생각하지 않으면 쉽게 받아들일 수 있는 그런 종류의 말이다. 그러나 사실은 그렇지 않다. [오히려] 시인은 시를 쓰고 싶어 안달한다고 말하는 것이 나을 것이다. [중략]. 시인은 그가 전하고자하는 내용을 거의 의식하지 못한다. 그가 시에서 전달하고자 하는 내용은 시가 써지기 전에는 존재하지 않는다.8)

시 쓰기에 대한 엘리엇의 이 같은 말들을 종합해 보면, 그가 시를 쓰기 전에 하나의 통일된 구조를 구축한 것이 아니라는 결론을 내릴 수 있다. 특히 『황무지』에 대해서는 그가 특정한 구조를 가진 하나의 시를 처음부터 구상했다기보다는 이 시를 쓰다 보니 우리가 지금 보는 바와 같은 시가 생겨나게 된 것이라고 말할 수 있다. 그 결과 이 시는 하나의 통일된 구조를 가지지 않게 되었으며, 또한 전달하려는 의미 또한 모호하게 된 것이라고 추측할 수 있다. 그가 '보이지 않는 시인'(케너)이라고 불리거나 죽은 체 하거나 시치미를 잘 떼는 '주머니 쥐'라는 별명을 갖게 된 것은 이 같은 사실과 크게 멀지 않음을 알 수 있다.

이 시가 1922년에 출간되자 비평가들은 미처 처음 보는 시를 다룰 준비

---

8) Eliot, *The Use of Poetry and the Use of Criticism*, p. 138.

가 돼 있지 않았다. 이 시는 그들의 지금까지의 비평 이론이나 관행을 통해서는 전혀 다룰 수 없는 새로운 종류의 시였기 때문이다. 다른 말로 하면 이 시는 이 시에 맞는 비평 이론이 태어나기를 기다리면서 홀로 오랫동안 외롭게 존재해야만 했다. 왜냐하면 1920년대의 비평 이론은 I. A. 리처즈가 지적한 바와 같이 이 시에 나타나는 "일관성 있는 지적 실마리의 부재"9)를 감당하기에는 역부족이었기 때문이다. 당시의 비평가나 독자는 문학 작품이나 시에는 당연히 일관성 있는 지적 실마리가 있을 것으로 기대했다. 그러나 이 시에서 이런 실마리는 발견되지 않는다.

이런 비평 상황이 계속되다가 이 시에 적합한 비평이론이 등장한 것은 데리다가 1966년 미국의 존스 홉킨스 대학에서 「인문학 담론에서 나타난 구조, 기호, 그리고 유희」라는 논문을 발표하면서부터이다. 엘리엇이 1965년에 타계했으니, 그의 시를 제대로 읽을 수 있는 비평적 논리는 그가 죽고 나서 비로소 등장했다고 말할 수 있다. 좀 더 정확히 말하자면, 그의 생전에는 이 시를 읽는 적합한 기준의 설정 자체가 불가능했다고 말할 수 있다. 데리다의 논문이 발표되는 것이 계기가 되어 미국에서는 데리다의 해체 철학이 적극적으로 문학 비평에 도입되어 소위 말하는 해체 비평이 크게 성행했다. 이렇게 해서 이 시는 드디어 제대로 읽힐 수 있는 기회를 획득한 셈이다.

엘리엇은 단테의 시에 대해 다음과 같이 말한 적이 있다.

한 편의 시를 읽는 경험은 짧은 순간의 경험인 동시에 일생의 경험이다. 그것은 우리가 다른 사람을 만나는 격렬한 경험과 아주 비슷하다. 최초의 순간은 독특하고 충격이며 놀람의 순간이며, 또한 공포의 순간이기도 하다.

---

9) I. A. Richards, p. 51.

이러한 순간은 결코 잊을 수 없지만, 또한 결코 계속적으로 경험되지도 않는다. [중략]. 우리가 읽은 대부분의 시는 세월이 가면 잊혀 져 기억에서 사라져서 대부분 인간의 격정과는 상관이 없게 된다. 그러나 단테의 시는 죽을 때까지 계속 읽어도 항상 새로운 느낌을 주는 그런 시이다.[10)]

엘리엇은 단테의 시를 읽는 경험에 대해 이렇게 이야기했지만, 우리도 그의 『황무지』를 읽으면서 같은 경험을 한다. 이 시를 읽으면서 우리는 이 시만의 독특한 느낌을 얻을 수 있다. 이러한 독특함은 충격과 놀라움으로 이어지며, 공포감을 주기에 이른다. 그렇다면 우리가 이 시를 읽고 왜 다른 시를 읽을 때와는 다른 이 같은 느낌을 경험하게 되는 것일까? 이 시에는 다른 시와는 다른 무슨 특별함이 있는 것일까? 우리의 이러한 의문에 가장 적절히 대답을 주는 것으로 우리는 위에서 말한 데리다의 이론과 더불어 라캉의 정신분석이론에 유의할 필요가 있다. 데리다가 철학에서 한 것과 마찬가지의 혁신적인 작업을 라캉 또한 정신 분석학에서 수행했기 때문이다. 라캉은 새롭고 위대한 정신 분석 이론을 주창했지만, 그 중에서도 우리가 이 시를 읽는 데 원용할 수 있는 라캉의 이론은 인간의 무의식에 대한 새로운 통찰을 제공했다는 사실이다. 그는 소쉬르와 로만 야콥슨으로부터 언어학과 기호학 이론을 차용하여 이를 정신분석학에 접목시킴으로써 인간의 무의식을 새롭게 보는 계기를 제공했다. 이는 프로이트가 인간의 무의식을 발견한 이래로 아주 획기적인 사건이 아닐 수 없다. 따라서 이 글에서는 라캉의 정신분석이론을 원용하여 『황무지』의 시 텍스트에 나타난 언어 무의식을 좀더 자세히 읽어보고자 한다.

---

10) Eliot, *Selected Essays*, pp. 250-1.

2. "무의식은 언어처럼 구조돼 있다"

라캉의 정신분석이론 중에서 가장 획기적인 사실은 그의 무의식에 관한 다음 과 같은 선언적 명제에서 찾을 수 있다. 그의 이 같은 명제로는 "무의식은 언어처럼 구조돼 있다"[11]라는 명제이다. 이 같은 그의 명제는 프로이트의 정신분석이론을 새로운 말로 표현한 것이다. 이렇게 볼 때 라캉은 프로이트의 이론에 기초하여 그의 이론이나 표현에서 부족하다고 느낀 것을 새롭게 정의한 셈이다. 프로이트는 무의식을 명확히 정의하지는 않았다. 이는 프로이트가 자신의 정신분석이론을 정립할 당시에는 아직도 언어학이나 기호학 같은 학문이 발전돼 있지 않았기 때문이다. 그러나 라캉은 자신이 살던 시대에 발전된 기호학과 언어학 이론들을 접하면서 이를 적극적으로 정신분석이론에 원용함으로써 프로이트가 미처 분명히 하지 못한 부분들을 명확히 한 셈이다. 이러한 부분 중의 하나가 바로 무의식에 관한 라캉의 이론이다.

우선 『황무지』는 난해하기로 정평이 나 있는 시이다. 그렇다면 우리는 왜 이 시가 난해한 것인지를 살펴 볼 필요가 있다. 이 시가 난해한 이유는 위에서 인용한 엘리엇 자신의 말에서 이미 그 답이 나와 있다. 그 첫 번째 이유는 그 자신이 말했듯이 이 시에는 구조가 없다는 사실이다. 그는 또한 이 시를 쓸 때 자신이 말하는 바를 이해하고 있었는지에 대해서조차 개의하지 않았다고 말한다. 그렇다면 이 같은 엘리엇 자신의 말에서 우리는 무엇을 유추할 수 있을까?

이러한 그의 말을 종합해 보면 이 시는 마치 꿈이 그러하듯이 엘리엇

---

11) Lacan, *The Seminar. Book XI*, p. 20.

자신의 꿈이거나 자유연상이라고 말할 수 있다. 자유연상은 프로이트 자신의 정신분석 치료에서 주로 쓰는 기법인데, 이는 무의식을 들여다볼 수 있는 하나의 방법이다. 물론 우리는 무의식을 완전히 알 수는 없다. 그럼에도 불구하고 그것이 언어처럼 구조돼 있다면, 자유연상을 통해 어느 정도까지는 알 수 있다. 자유 연상은 바로 이러한 가정에 기초한 것이다. 이러한 자유연상을 통해 무의식을 관찰할 때, 우리는 언어의 다음과 같은 두 가지 형태를 볼 수 있다. 그것은 압축壓縮과 전치轉置이다. 압축은 글자 그대로 여러 가지 요소가 하나의 요소 속에 응축돼 있는 경우이다. 이렇게 볼 때 압축은 언어를 구성하는 상하의 위계 조직에서 일어나는 것으로, 언어에서 일어나는 대체代替를 이것으로 설명할 수 있다.

이 시에 나오는 해독이 어려운 표현은 단지 압축 때문만은 아니다. 이 시에서 또 다른 종류의 난해성은 의미가 계속 유예되기 때문에 발생한다. 이러한 의미의 유예는 서사의 구조를 무너뜨려 이 시 자체에 진전이 없음을 드러낼 뿐만 아니라, 이 시를 중심 부재로 만들어 목표가 실종된 상태로 떠다니게 한다. 더구나 이 시에서 발견되는 의미를 알 수 없는 수많은 인용과 암유는 이 시를 대단히 혼란스런 시가 되게 한다. 이는 압축(대체)과는 달리 전치 때문에 일어나는 현상이다. 전치는 무의식에서 방어 기제가 발동하여 나타난 현상으로 어떤 사실이 드러나지 않고 계속적으로 연기延期되기 때문에 생기는 현상이다.

무의식에서 일어나는 언어의 두 축으로서의 작용인 압축(대체)과 전치(지연)는 이미 프로이트가 그의 『꿈의 해석』에서 보여준 예이다. 라캉은 이러한 프로이트의 이론을 좀 더 밀고 나가 전치에 유의한다. 그가 언어의 전치 작용에 유의하는 이유는 이것이 단지 방어 기제의 작동을 보여줄 뿐만 아니라, 기호로서의 언어의 독특한 특징을 보여주기 때문이다. 라캉이 정신분석에서 언어를 기호학적으로 봄으로써 언어는 정신분석에서 대단히 중요한 역할을 하게 된다. 우선 라캉은 소쉬르가 주장한 언어의 이론을 차용한다. 소쉬르의 획기적인 연구 성과는 이전까지의 언어학에서 보이던 비교 언어학과 같은 통시적通時的 접근에서 탈피하여, 언어를 공시적共時的으로 연구했다는 사실이다. 따라서 그의 언어 기호에 대한 중요한 근본 가정들은 다음 몇 가지로 요약될 수 있다.

1. 언어에는 차이만이 있을 뿐이다.[12]
2. 언어적 실체는 기표와 기의의 연계를 통해서만 존재한다.[13]
3. 기표와 기의의 연계는 자의적恣意的이며, [따라서] 언어 기호는 자의적이다.[14]

라캉은 소쉬르의 이 같은 언어 대한 기본 가정을 정신분석에 접목했을 뿐만 아니라, 이에서 진일보하여 새로운 이론을 전개한다. 소쉬르는 기표와 기의가 자의적으로 연계돼 있다고 주장했음에도 불구하고 기의는 기표에 우선하는 것으로 생각했다. 그러나 라캉은 이 같은 소쉬르의 이론을 전복하여 기표와 기의에 대한 새로운 이론을 개진한다.

소쉬르는 기표와 기의의 관계를 다음과 같은 등식으로 표시한다: 기의/기표Signified/Signifier.[15] 이 같은 등식이 보여주는 바는 기의는 기표보다 우위를 차지함을 의미한다. 그러나 라캉은 기표와 기의의 관계를 보여주는 이 같

---

12) Saussure, p. 120.
13) Saussure, p. 102.
14) Saussure, p. 67.
15) Saussure, p. 114.

은 소쉬르의 등식을 다음과 같이 변경한다: S/s. 이러한 라캉의 등식이 의미하는 바는 가히 혁명적이다. 여기서 S는 기표를 의미하고, s는 기의를 의미한다. 대문자와 소문자가 각기 상징하는 바와 같이 이 등식에서는 기표가 기의보다 상위에 위치할 뿐만 아니라, 그 중요성 또한 큼을 보여준다. 또한 기표와 기의 사이에 쳐진 빗금은 이들 사이에 이미 유대가 단절돼 있음을 의미할 뿐만 아니라, 기표와 기의 사이에는 근본적으로 저항이 존재함을 보여주기 위한 것이다.16) 언어 기호에 대한 라캉의 이 등식은 언어가 기호의 체계이기보다는 기표의 체계임을 강조한 것으로 받아들일 수 있다.17) 라캉의 이러한 생각은 정신분석에서 기표는 기의와는 독자적인 위치에서 기의에 저항할 뿐만 아니라, 또한 기표가 기의와는 독자적인 관계를 유지하기 때문에 기표의 유희遊戲를 가능하게 하는 근거가 된다. 이러한 라캉의 생각은 그가 포우의『도둑 맞은 편지』를 분석한『「도둑 맞은 편지」에 대한 세미나』에서 잘 드러난다. 그는 이 논문에서 포우의 이 작품은 기의에 대한 기표의 우월성을 보여주는 것으로 설명하고 있다. 무의식은 언어처럼 구조돼 있다는 라캉의 주장은 달리 말하면 무의식은 기의가 아닌 기표로 구성돼 있다는 주장으로 다시 읽을 수 있다. 이럴 경우 우리는 라캉의 무의식에 대한 이론이『황무지』의 무의식을 읽는 데 대단히 유용한 참조 틀이 될 수 있음을 알 수 있다. 이 시가 이처럼 난해한 이유는 이 시에 나타난 기표들이 기의를 지향하기보다는 기의와는 무관하게 기표의 난무 또는 기표의 유희를 드러내기 때문이다.

---

16) Evans, p. 184.
17) Evans, p. 186.

3. "내가 의미하는 바를 말하기는 전혀 불가능하다"

『황무지』에 나타난 글쓰기는 우리가 통상적으로 알고 있는 글쓰기와는 전혀 다른 글쓰기이다. 위에서 필자는 이 시가 엘리엇의 복화술腹話術이라고 말했지만 이보다는 다른 사람의 입으로 자기 말하기라고 하는 것이 더 적합한 표현이 될 듯하다. 우리가 이렇게 말하는 이유는 이 시는 수 없이 많은 인용과 암유暗喩로 이루어져 있기 때문이다. 따라서 무의식의 언어가 단지 기표의 유희이거나 기표의 난무라는 라캉의 주장을 받아들일 경우, 우리는 『황무지』에서 기의를 발견하는 일 자체가 불가능하거나 또는 소득 없는 일임을 알 수 있다. 그렇다면 우리는 다음 몇 가지 질문을 하지 않을 수 없게 된다. 이 시에서 기의를 찾는 일을 중단해야 할 것인가? 그렇지 않으면 엘리엇은 이 같은 기표의 유희를 방어 기제로 사용하여 기의를 계속적으로 유예한 것인가? 또는 엘리엇은 기표를 남발함으로써 기의의 추구를 의도적으로 방해하고 있는 것은 아닌가?

이런 관점에서 볼 때, 이 시의 제목을 『황무지』로 바꾸기 전 엘리엇이 이 시에 붙인 제목은 시사하는 바가 많다. 이 시의 제목이 바뀌기 전 엘리엇은 이 시의 제목을 『그는 여러 다른 사람들의 목소리로 경찰 흉내를 낸다』라고 잠정적으로 붙인 적이 있다. 이러한 제목은 찰스 디킨스가 쓴 『우리 모두의 친구』라는 소설의 1권 16장에 나오는 대목을 차용한 것이다. 이 소설에서 베티 히그든 노파는 자신이 주워 다 기르는 슬로피가 신문에 난 경찰의 수사 기록에 나오는 여러 인물들의 진술 내용을 여러 다른 목소리로 읽는 것을 다음과 같이 묘사한 것을 엘리엇이 원용한 것이다. 히그든 노파는 "당신들은 그렇게 생각하지 않을지 모르지만, 슬로피는 신문을 썩 잘 읽는다오. 그는 여러 다른 사람들의 목소리로 경찰 흉내를 낸다오"라고 말한다. 이런 정황을 고려할 경우 엘리엇 자신도 이 시에서 출전이 다른 많은 인용을 사용하고 있음을 스스로도 의식하고 있었음을 의미한다.

엘리엇은 이 시에서 인용과 암유를 정도 이상으로 사용함으로써 기표가 기의와 유리 돼 있음을 보여 줄 뿐만 아니라 이에서 더 나아가 기표가 기의에 저항함을 드러낸다. 그럴 경우 기표는 기의가 의미하는 바와는 전혀 다른 것을 지시하여 의미의 전복을 초래하게 된다. 그렇다면 엘리엇은 이 시에서 자신이 의미하는 바를 어떻게 정확하게 전달할 것인가에 관심을 가졌다기보다는 오히려 의미가 어떻게 전복되고 해체되는가를 드러내고자 했던 것은 아닐까 하는 의구심을 자아낸다. 이러한 대표적인 예는 『사티리콘』에서 인용한 이 시의 제사題辭이다.

> 한번은 쿠마에서 나도 그 무녀가 조롱鳥籠 속에 매달려 있는 것을 보았지요. 애들이 <무녀야 넌 뭘 원하니?> 물었을 때 그네는 대답했지요. <죽고 싶어.>[18]

이 제사는 로마 네로의 궁정 시인이었던 페트로니우스의 『사티리콘』Satyricon 48장 「트리말키오의 향연」에서 인용한 것이다. 이 장에서 주인 트리말키오는 술 취한 김에 신기한 이야기를 해서 좌중座衆을 압도하려고 이 이야기를 한다. 희랍 신화에서 무녀는 앞날을 점치는 능력을 지닌 여자이다. 특히 희랍의 식민 도시였던 이탈리아의 쿠마의 무녀는 유명했다. 그네는 아폴로 신에게서 손안에 든 먼지만큼 많은 햇수의 수명을 허용 받았으나 그만큼의 젊음도 달라는 청을 잊고 안 했기 때문에 늙어 메말라 들어 조롱 속에 들어가 아이들의 구경거리가 된다.

---

18) Eliot, CPP, p. 59. 황동규 44쪽.

그렇다면 이러한 이야기가 의미하는 바는 무엇인가? 이에 대한 답은 몇 가지로 할 수 있다. 우선 이런 대답을 한 쿠마의 무녀가 경솔하다는 사실이다. 그녀가 앞날을 예언하는 탁월한 능력을 가졌다고는 하지만, 이 같은 그녀 자신의 실수는 그녀의 능력에 대한 신뢰에 찬물을 끼얹는 결과를 가져온다. 자신의 앞날조차도 예측하지 못하는 무녀가 어떻게 다른 사람의 미래를 점치겠는가? 두 번째 답은 그녀 자신도 자신이 말하는 바를 알지 못한다는 사실이다. 이는 다른 말로 하면 그녀의 무의식 속에 감추어진 욕망을 그녀 자신이 알지 못함을 의미한다. 그녀의 무의식에는 오래 살고자 하는 욕망과 동시에 젊음을 유지하고자 하는 욕망이 동시에 존재했을 것임에도 불구하고, 그녀는 급한 마음에서 단지 오래 살게 해 달라는 소원만을 말하는 실수를 저지른 것이다. 세 번째 답은 그녀의 무의식과 그녀의 말 사이에는 괴리乖離가 있다는 사실이다. 다시 말하면 그녀의 의식은 그녀의 무의식 속에 있는 욕망을 억압하거나 또는 제대로 드러내지 못 한다는 사실을 이 일화는 보여준다. 이는 언어라는 기표가 무의식 속에 있는 기의를 정확히 표현할 수 있는 도구가 되지 못함을 보여주는 예라고 말할 수 있다.

　　우리는 무녀의 실수가 기록된 이 같은 제사를 읽으면서 이 시를 읽는 데에 있어 어떤 유추를 할 수 있을까? 제일 먼저 떠올릴 수 있는 생각은 기표는 기의를 드러내지 못하는 것은 물론이려니와 기의를 왜곡할 수도 있다는 사실이다. 더구나 이 시에서 엘리엇은 화자의 말을 통해 기의를 직접 전달하지 않고 무수한 인용과 암유를 사용함으로써 기표의 모호성은 극極에 달한다. 따라서 이 시에 나타나는 기의의 혼란은 극도에 이르게 된다. 이것은 엘리엇 자신이 의도한 글쓰기의 전략임에 틀림없다. 또 한 가지 우리가 유추할 수 있는 것은 기표는 무의식에 숨겨진 기의의 전달을 방해하거나 저지한다는 사실이다. 이는 기표가 기의보다 우위에 있다는 라캉의 주장을 받아들일 경우 당연한 귀결歸結이 된다. 이제 이러한 가정에 기초하여 엘리엇이 이 시에서 숨기고자 하는 바가 무엇인지를 좀 더 자세히 살펴보기로 하자.

4. 엘리엇은 커밍아웃하지 않은 동성애자인가?

이제 우리는 엘리엇이 쓴 『황무지』가 어떤 시인지를 알기 위해 우선 그가 커밍아웃하지 않은 동성애자인지의 여부를 가릴 필요가 있다. 왜냐하면 이 시는 엘리엇이 자신의 동성애적 감정을 숨기면서 이야기하는 시라고 볼 수 있기 때문이다. 이러한 우리의 주장을 뒷받침하는 대단히 중요한 증거는 그와 베르드날과의 관계가 될 것이다. 이러한 추측을 가능케 하는 사건은 존 피터가 「『황무지』에 대한 새로운 해석」이라는 논문을 1952년 7월 한 학술지에 발표함으로써 시작됐다. 그는 이 논문에서 "지난 시절에 이 시의 [남성] 화자는 완전히―아마도 회복 불가능할 정도라고 말하는 것이 더 적절한 말일 듯하다―사랑에 빠진다. 그가 사랑하게 된 사람은 한 젊은 남성이었는데, 이 젊은 남성은 얼마 후에 익사로 추정되는 죽음을 맞게 된다"[19]고 썼다. 엘리엇은 이 논문이 발표 된 후 얼마의 시간이 지난 1953년 초에 이 논문을 읽었을 것으로 추측된다.[20] 우리가 이런 추측을 하는 이유는 1953년 2월 그는 변호사를 통해 피터의 논문이 실린 학술지를 즉각 폐

---

19) Peter, p. 143.
20) Ackroyd, p. 309.

기하지 않을 경우 명예훼손으로 사법 당국에 고소하겠다고 으름장을 놓았기 때문이다. 이 같이 강경한 엘리엇의 반응에 놀란 피터는 자신의 논문을 공식적으로 철회하겠다고 엘리엇에게 통고한다. 그러나 엘리엇은 같은 해 3월 변호사를 통해 이 논문의 공식적인 철회는 "필요하지도 소망스럽지도 않다"는 입장을 전해 왔다. 변호사에 따르면 엘리엇은 피터의 논문을 "경악과 혐오감"을 가지고 읽었으며, 이 논문의 내용이 "더 이상 유통되는 것에 대해"[21] 심각한 우려를 표명했다. 그렇다면 엘리엇은 왜 피터가 이 논문을 공식적으로 철회하겠다는 제의에 한 발 물러서서 그럴 필요가 없다고 했을까? 이에 대한 우리의 추측은 엘리엇이 그렇게 할 경우 그는 공개적으로 자신이 동성애자로 낙인찍힐 것을 우려해서였을 것이다.

이 같은 소동이 있은 후 몇 년이 지난 1956년 4월 30일. 엘리엇은 미국의 미네소타 주 미니애폴리스에 있는 미네소타 대학교 야구장에서 1만 4천여 명의 청중을 대상으로 「비평의 새로운 경지」라는 제목의 강연을 하게 된다. 그는 이 강연에서 지난 30년 간의 비평의 변천에 대해 말하면서 "시를 해석하는 데 있어 심리적이거나 개인적인 사생활에 대한 추측을 과도하게 하는 것에 대해 경고했다."[22] 이 같은 그의 말은 물론 피터의 논문이 아직도 그의 뇌리에 고통의 응어리로 남아 있음을 보여주는 것이다. 1965년 엘리엇은 타계한다. 엘리엇이 사라진 후 피터는 이 논문을 다시 출간하게 되는데, 그는 재출간된 이 논문에서 다음과 같이 말한다: "젊은 시절에 그[엘리엇]는 한 젊은 청년과 아주 친한 낭만적 애정을 느꼈을 것이라는 결론을 불식하기가 힘들다. 그런데 이처럼 보통이 아닌 우정관계는 엘리엇의 상대방 남성이 익사함으로써 갑자기 종결되고 만다."[23]

---

21) Ackroyd, p. 309.
22) Ackroyd, p. 317.

엘리엇의 베르드날에 대한 이 같은 강렬한 동성애적 감정은 그가 『프루프록과 다른 관찰들』(1917)이라는 시집에 쓴 다음과 같은 제사에서 잘 드러난다.

다다넬스에서 죽은
장 베르드날(1889-1915)을 위하여[24]

베르드날은 엘리엇이 1910년부터 1911년 미국으로 돌아 갈 때까지 1년 간 파리에서 지내는 동안 같은 하숙집에서 알게 된 프랑스 청년이었다. 그는 엘리엇이 "마음을 터놓고 얘기할 수 있는 막역한 친구"였다.[25] 베르드날은 군의관으로 제1차 세계대전에 참전했다가 전사하게 되는데, 피터는 엘리엇과 동성애 관계를 가졌던 사람이 장 베르드날일 가능성이 높다고 말한다. 따라서 엘리엇이 이 시집의 처음에 기록으로 남긴 베르드날에 대한 헌사는 의미하는 바가 많다.

이 헌사에서 우리가 유의할 것은 "베르드날을 위하여"라는 표현이다. 자인은 엘리엇이 여기서 "기억하며" 대신에 "위하여"라고 쓴 것은 "이 헌사가 아직도 살아 있는 사람－적어도 엘리엇의 생각 속에서는－을 위한 것임을 엘리엇이 암시하고 있다"고 주장한다.[26] 이 같은 자인의 주장이 설득력을 가지는 이유는 엘리엇 자신이 파리에서 머물던 때의 베르드날과의 추억을 그 자신이 가슴 깊이 간직하고 있었다는 사실로 알 수 있다. 그는 지금은 갈리폴리에 묻혀 있는 베르드날이 황혼이 깔린 늦은 저녁 라일락

---

23) Peter, p. 166.
24) Eliot, CPP, p. 11.
25) Gordon, *Eliot's Early Years*, p. 37.
26) Jain, p. 32.

가지를 흔들면서 파리의 뤽상부르 공원을 가로질러 오던 기억을 한 장의 사진처럼 가슴속에 간직하고 있다. 그는 자신이 베르드날에 대해 간직한 이러한 애틋한 느낌을 이렇게 말하고 있다.

> 나의 [파리에 대한] 추억은 가슴 설레게 하는 황혼녘의 늦은 오후, 라일락 가지를 흔들면서 뤽상부르 공원을 가로질러 걸어오던 친구에 대한 기억으로 점철돼 있다. 이 친구는 후에 (내가 알게 된 바로는) 갈리폴리의 흙 속에 묻히고 만다.27)

이러한 그의 감정이 그와 베르드날과의 사이에 존재하던 동성애적인 감정이 아니었나 하는 의문을 일으킨다. 이에 대해 "엘리엇은 이를 전적으로 부인했다."28) 라일락의 이미지는 엘리엇의 시에서 반복적으로 나오는 것으로 특히 「귀부인의 초상」과 『황무지』에 두드러지게 나온다.29) 이렇게 볼 때 라일락은 엘리엇이 베르드날과의 관계와 그의 죽음을 추억하는 상징이라고 말할 수 있다. 특히 『황무지』의 맨 처음 부분에 라일락의 이미지가 등장한다. 많은 비평가들은 "사월은 가장 잔인한 달"로 시작되는 이 시의 처음이 초서의 『캔터베리 이야기』의 처음에 나오는 「전체 서시」의 처음을 암유한 것으로 받아들이고 있다. 그러나 피터는 이 부분이 단지 초서의 작품만을 암유하는 차원에서 끝나는 것만이 아님을 지적한다.30) 그렇다면 "죽은 땅에서 라일락을 키워내고"라는 두 번째 줄은 엘리엇이 베르드날에 대한 추억을 암시하는 것이 분명하기 때문이다. 엘리엇 자신이 베

---

27) Eliot, "Commentary," p. 452.
28) Gordon, *T. S. Eliot: An Imperfect Life*, p. 53.
29) Jain, p. 31.
30) Peter, p. 145.

르드날과의 동성애 관계를 전적으로 부인했음에도 불구하고 우리가 이들의 동성애적인 관계에 의심을 거두지 못하는 이유는 바로 여기에 있다. 이렇게 볼 때『황무지』는 엘리엇의 "감히 이름을 말할 수 없는 사랑"[31]을 인용과 암유라는 전치의 수사법을 동원하여 표현한 시라고 말할 수 있다. 이 시가 난해하고 애매모호한 가장 큰 이유는 엘리엇이 커밍아웃을 하지 않으면서 "감히 말할 수 없음을 수사학적으로 실행"[32]하기 때문이다.

이 시가 엘리엇 자신의 베르드날과의 동성애적 감정에 기초한 것임을 드러내는 다음과 같은 사실은 아주 흥미롭다. 콘래드 에이컨은 엘리엇의 친한 친구 중의 하나였는데, 그는 1923년 2월 3일 자의『뉴 리퍼블릭』지에 실었던 논문을 다시 출간하면서 "머리말"을 붙였다. 그는 이 "머리말"에서 다음과 같은 일화를 소개한다. 이 대화는 에이컨과 엘리엇이 점심을 함께 하기 위해 그들의 단골 식당으로 가는 도중에 한 것이다.

> 나[에이컨]는 그[엘리엇]에게 말했다. "당신이 쓴 시[『황무지』]에 대한 긴 서평을 썼는데 그 제목을「우울의 해부」라고 붙인 것 알고 있겠죠."
> 그는 그 특유의 아주 쌀쌀 맞은 표정을 지으며 나를 쳐다보면서 단호하게 말했다. "그 시에는 우울함이 전혀 없는데요."
> 이 같은 그의 말을 듣고 나는 대답했다. "내가 한 말은 버튼이 쓴『우울의 해부』를 두고 한 말이에요. 그 책에는 정말로 많은 인용이 있잖아요."[33]

에이컨은『황무지』에는 버튼이 쓴『우울의 해부』에서나 마찬가지로 아주 많은 인용이 있다는 사실을 빗대 이 시의 서평의 제목을「우울의 해부」라

---

31) Creech, p. 16.
32) Creech, p. 16.
33) Aiken, *A Reviewer's ABC*, p. 176.

고 붙였다. 이 서평에서 그는 이 시를 "암유로 가득한 시"[34]라고 불렀다. 그러나 도둑이 제 발 저리다고 엘리엇은 에이컨이 말하는 것은 이 시에 깃든 우울이라고 지레짐작하여 이처럼 엉뚱한 반응을 보인 것이다. 그렇다면 에이컨의 이런 말을 엘리엇은 이 시에는 엘리엇의 동성애 상대였던 베르드날이 죽은 후에 그가 느끼는 우울을 드러낸 것이라고 넘겨짚고 이런 의외의 반응을 보인 것이라고 추측할 수 있다.

피터가 들려주는 다음과 같은 에피소드는 엘리엇이 커밍아웃하지 않은 동성애자일 것이라는 확실한 상황 증거가 될 수 있다.

> 1959년 영국의 유명한 남자 시인 한 분이 2차 세계 대전 중에 그가 엘리엇과 둘이서 가진 점심 식사에 대해 내게 이야기해 줬는데, 이 이야기에 나오는 증거가 주관적임에도 불구하고 여기서 다시 한 번 이 이야기를 반복할 가치가 있다. 이 시인은 그 당시 젊은 남성과 대단히 절박하고 불행한 동성애 관계에 있었다. 그가 엘리엇과 점심 식사를 하고 있는 동안 내내 그는 이 사건만을 화제로 삼을 수밖에 없었다. 그의 이러한 이야기를 처음부터 끝까지 듣고도 엘리엇이 아무 대꾸를 하지 않자, 그는 자신이 들려준 이야기가 엘리엇에게는 아무 의미도 없으며, 또한 엘리엇은 이런 경험을 이해할 수도 없을 것이라고 퉁명스럽게 말했다. 이처럼 어색한 순간에 엘리엇의 생각에 잠긴 눈길이 그의 눈길과 마주치고 나서 엘리엇은 자신의 눈길을 금세 접시로 주었다고 그는 기억하고 있다. 엘리엇은 이어서 "아니오. 물론 나는 이해할 수 있어요. 물론 나는 그런 경험을 이해합니다"라고 대답했다. 그 일에 대해서 엘리엇은 이제 더 이상 말하지 않았다. 그러나 그 시인은 아주 짧은 순간 이 몰개성 시인[엘리엇]은 자신의 가슴속에 묻고 있던 비밀을 털어놓을 계제에 아주 근접했다는 특별한 느낌을 갖게 되었다.[35]

---

34) Aiken, "An Anatomy of Melancholy," p. 294.
35) Peter, pp. 166-7.

『황무지』가 엘리엇이 자신의 동성애적인 성향을 숨기면서 이를 서술하고 있는 시라고 가정한다면, 우리는 이 시에 나오는 티레시어스에 주목하지 않을 수 없다. 엘리엇 자신도 티레시어스에 관해 자신이 붙인 주註에서 "티레시어스는 단지 방관자일 뿐 <등장인물>은 아님에도 불구하고 그는 이 시에서 <가장 중요한 인물>"(< >는 필자의 강조임)36)이라고 말하고 있기 때문이다. 엘리엇이 비록 시치미 떼기의 명수임에도 불구하고 이 같은 그의 말에는 대단히 많은 진실이 담겨져 있기 때문이다.

티레시어스는 적어도 다음 두 가지 측면에서 엘리엇의 자전적 사실과 부합하는 측면이 있다. 우선 티레시어스는 양성적인 인물로 묘사되지만, 여기서 양성적이라는 말은 동성애적 인물이라는 말과도 동의어이다. 베르드날과의 동성애적인 경험을 한 뒤 그가 죽고 나서 엘리엇은 비비언과 이성애적으로 결혼한다. 이렇게 볼 때 엘리엇은 티레시어스와 마찬가지로 양성을 모두 경험한 것이 된다.37) 물론 엘리엇의 양성적 경험이 동시적인 경험이 아니고 순차적인 경험임에도 불구하고 엘리엇은 양성적인 경험을 한 셈이다. 또한 티레시어스가 남녀 간의 성관계에서 여성이 더 많은 성적 쾌락을 느낀다고 주장하는 조브의 손을 들어 준 것과 마찬가지로, 엘리엇 또한 비비언과의 결혼 생활에서 "비비언의 성적 욕망을 채워주지 못했다"38)는 관점에서 볼 때 티레시어스의 생각과 엘리엇의 결혼 생활 사이에는 서로 비슷한 점이 아주 많다.

티레시어스는 특이한 경험의 소유자이다. 엘리엇은 자신이 붙인 주註에서 이 같이 특이한 티레시어스의 이력을 오비디우스가 쓴 『변신』을 인용

---

36) Eliot, CPP, p. 78.
37) Miller, p. 99.
38) Miller, p. 98

하여 소개하고 있다. 그는 두 마리의 뱀이 숲에서 교접하는 것을 목격하고 자신의 지팡이로 이들을 내려치자 그 자신이 여자로 변한 경험을 가지고 있는 인물이다. 7년이 지난 후 그가 이전에 봤던 뱀을 다시 보고 이들을 내려치자 자신이 원하던 대로 그는 다시 남자로 변신하게 된다. 여기서 우리는 그가 왜 교접하는 뱀을 자신의 지팡이로 내려쳤는가를 생각해 볼 필요가 있다. 이는 티레시어스가 양성[동성]애적 인물이기 때문에 뱀이 하는 이성애적인 교접에 혐오감을 느꼈기 때문이다. 그러나 티레시어스는 이런 자신의 특이한 경험으로 인해 조브 신으로부터 부부 싸움의 원인이 된 질문에 대답하지 않으면 안 되는 곤경에 처하게 된다. 그것은 조브 신은 성생활에서 여성이 남성보다 더 많은 즐거움을 느낀다고 주장한데 반하여, 주노는 남자가 여자보다 더 많은 즐거움을 느낀다고 주장한다. 이런 논쟁을 종식시킬 수 있는 인물은 남성의 성과 여성의 성을 모두 경험한 인물인 티레시어스 밖에는 없다. 티레시어스는 이들의 논쟁을 중재하는 과정에서 여성이 더 많은 성적 즐거움을 느낀다고 답변한다. 이에 화가 난 주노는 그를 눈멀게 한다. 그러나 조브는 자신이 티레시어스의 실명에 원인을 제공한 것이기 때문에 티레시어스에게 예언의 능력과 장수를 허락한다. 이리하여 티레시어스는 보지 못하면서도 보는 능력, 즉 예언의 능력을 갖게 된다. 그러나 그의 예언 능력은 이 시에서는 관음증觀淫症이라는 증상으로 나타난다.

티레시어스가 관음증을 보이는 것은 그가 동성[양성]애자여서 이성애적인 성관계를 할 수 없기 때문이다. 그러나 그의 이런 관음증적인 태도는 그에게 즐거움을 제공하기보다는 역겨움을 제공한다. 이는 그가 근본적으로 이성애자를 혐오하기 때문이다. 그의 이러한 역겨움은 타이피스트와 정사를 끝내고 돌아가는 청년의 다음과 같은 묘사에서 잘 드러난다.

> [그는] 생색내는 마지막 키스를 해주고
> 더듬거리며 내려간다, 불 꺼진 층계를.
> 그리고 마구간이 있는 모퉁이에서
> 오줌을 누고 침을 뱉으려고 잠시 머뭇거린다.[39]

이 같은 묘사에서 우리는 티레시어스가 이성애적 성행위를 얼마나 혐오하는가를 잘 알 수 있다. 이 같은 티레시어스의 이성애적 성행위에 대한 혐오감은 또한 엘리엇 자신의 혐오감이 그에게 투사된 것이라고 해도 크게 잘못된 견해는 아니다. 청년은 마구간이 있는 곳에서 침을 뱉고 오줌을 누려고 머뭇거린다. 여기서 우리는 그가 하는 행동[침을 뱉고 오줌을 누는 것]이 대단히 역겨운 감정을 표출하는 묘사임을 알 수 있다.

우리는 또한 타이피스트에 대한 다음과 같은 묘사에 유의할 필요가 있다.

> 그네는 돌아서서 잠시 거울을 들여다본다.
> 애인이 떠난 것조차 거의 기억하지 않는다.
> 머릿속에는 어렴풋한 생각이 지나간다.
> <흥 이제 일을 다 치렀으니 좋아.>[40]

이 같은 묘사에서 우리는 동성애자로서의 티레시어스의 이성애적인 성관계에 대한 혐오감을 읽을 수 있다. 타이피스트에게는 성관계는 즐거움이기

---

39) Eliot, Facsimile, p. 35.
40) Eliot, CPP, p. 69. 황동규 88쪽.

는커녕 오히려 대단한 고역苦役일 뿐이기 때문이다. 그녀는 이를 즐거움의 기회로 보기보다는 한 번 겪어야 할 고통스러운 일쯤으로 느끼고 있다. 이처럼 티레시어스는 이성간의 성관계를 추하고 혐오스러운 것으로 생각한다. 이성간의 성행위에 대한 그의 이 같은 인식은 이들의 성행위를 몰래 [상상 속에서] 훔쳐 본 후 하는 그의 다음과 같은 독백에서 잘 드러난다.

> 시든 젖이 달린 늙은 남자 나 티레시어스는
> 이 장면은 보고 나머지는 예언했다
> 기어다니는 버러지들의 행동을 알고 있기에
> 나 또한 놀러 올 손님을 기다렸다.[41]

이처럼 티레시어스는 이성간의 성행위를, 더럽고 구역질나는 짓이어서 이성애자異性愛者들의 그런 짓은 "버러지들의 행동"이라고 극단적으로 비하한다. 물론 이 젊은 두 남녀가 하는 성행위는 도덕적으로 떳떳하지 못한 것이어서 도저히 용납할 수 없는 것이기도 하다. 그럼에도 불구하고 이들의 이런 행동을 인간 이하의 행동으로 취급한다는 것은 이들의 부도덕한 행위에 대한 비난이기보다는 그들이 이성애자이기 때문에 그런 것이 아닌가 하는 의구심을 지우기 힘들다. 티레시어스의 동성애적 성향이 엘리엇 자신의 동성애적 성향의 투사라고 가정한다면, 마찬가지로 티레시어스의 이들의 이성애적인 부도덕한 행위에 대한 극심한 혐오감은 엘리엇 자신의 이성애에 대한 혐오감을 드러내는 것은 아닌가 하는 느낌을 지우기 힘들다.

이 시가 감히 말할 수 없는 사랑인 동성애적 사랑을 드러내지 않고 토로하는 시라고 가정할 때 우리는 이 시에서 꼼꼼히 살펴보지 않으면 그냥

---

41) Eliot, Facsimile, p. 45.

넘겨버릴 수밖에 없는 표현들이 의외로 동성애적인 뉘앙스를 가지고 있는 경우를 종종 만나게 된다. 이런 예로 우리는 히아신스 아가씨에 대한 다음과 같은 묘사에 유의할 필요가 있다.

「일 년 전 당신이 저에게 처음으로 히아신스를 줬지요.
다들 저를 히아신스 아가씨라 불렀어요」
―하지만 히아신스 정원에 밤늦게
한아름 꽃을 안고 머리칼 젖은 너와 함께 돌아 왔을 때
나는 말도 못하고 눈도 안보여
산 것도 죽은 것도 아니었다.[42]

여기에 나오는 히아신스가 바로 우리가 꼼꼼히 살펴봐야 할 묘사이다. 히아신스와 연관하여 적어도 두 가지 추정이 가능하다. 그 하나는 파리의 뤽상부르 공원은 가로질러 라일락 가지를 들고 오던 베르드날의 기억이 그 하나이다.[43] 또 다른 하나는 오비디우스의 『변신』에 나오는 히아신스의 전설이 또 다른 하나이다.[44] 스미스의 지적에 따르면 히아신스는 "성적인 상징"이며 또한 "남성적인 상징"이다.[45] 히아신스의 이런 상징성은 희랍 신화에 그 연원이 있다. 아폴로 신은 미소년인 히아신수스를 사랑했다. 그런데 아폴로가 원반던지기를 하는 동안 실수로 히아신수스를 죽이고 만다. 이렇게 해서 죽은 히아신수스는 히아신스라는 꽃이 된다. 이렇게 보면 여기에 나오는 히아신스는 엘리엇과 동성애 관계에 있던 베르드날을 의미하는 사적인 상징임을 쉽게 짐작할 수 있다.

---

42) Eliot, CPP, p. 62. 황동규 50쪽.
43) Miller, p. 71.
44) Miller, p. 71.
45) Smith, pp. 74-5.

5. 『황무지』에 나타난 수사修辭 전략

『황무지』는 대단히 난해한 시이다. 이 시가 이처럼 난해한 이유는 이 시가 전통적인 시 쓰기의 문법을 무시하고 써졌기 때문이다. 이 시가 어떻게 써졌는지를 살펴보기 위해 엘리엇 자신이 시 쓰기에 대해 언급한 다음과 같은 말을 살펴볼 필요가 있다.

> 시인은 자신의 개인적인 경험을 표현하는 것이라고 생각할 수도 있다. 그가 쓰는 시는 자신의 속내를 드러내지 않으면서 자기 스스로에 대해 말하는 한 가지 방법일 지도 모른다. 그러나 그의 시를 읽는 독자들은 그의 시를 읽고 그들이 느끼는 남이 모르는 자신들만의 비밀스런 감정을 느낄 뿐만 아니라 그들 세대가 느끼는 기쁨이나 절망 또한 느낄지도 모른다.[46]

그는 또 다음과 같이 말하기도 한다.

> 하나의 시에 대한 해석이 정당하기 위해서는 그것은 시인이 의식적이건 또는 무의식적이건 간에 [그 시에서] 무엇을 하려고 했는지에 대한 설명이 될 수 있다. [중략]. 시에 대한 설명은 또한 그 시가 어떤 구조를 가졌는가에 대한 설명이기 때문이다.[47]

그렇다면 우리는 이 시가 '무엇'을 의미하는가를 추구하기 전에 어떻게 '구조'돼 있는가를 우선적으로 살펴볼 필요가 있다. 우선 이 시는 위에서 인용한 엘리엇 자신의 말을 빌리면 "자신의 속내를 드러내지 않으면서 자기 스스로에 대해 말하는" 시라고 보면 크게 사실과 다르지 않다. 그렇게

---

46) Eliot, *On Poetry and Poets*, p. 137.
47) Eliot, *On Poetry and Poets*, p. 127.

볼 때 이 시는 언어의 유희를 통해 그가 의미하는 바를 끝없이 지연시키는 글쓰기라고 말할 수 있다. 그렇다면 이 시는 이러한 기표의 미끄러짐을 통해 무의식을 보여주는 것이라고 말할 수 있다. 이러한 무의식은 이 시의 무의식일 수도 있고, 엘리엇 자신의 무의식의 투사일 수도 있다. 더구나 이 시를 읽는 독자를 당혹시키는 것은 이 시에 나오는 많은 표현들이 황당하고 기상천외할 뿐만 아니라 도저히 해석이 가능하지 않은 것들이라는 사실이다. 그렇다면 이 시에는 왜 이런 괴기怪奇한 표현들이 나오는 것일까?

'괴기함'에 대해서는 프로이트가 그의 『괴기함』*The Uncanny*이라는 논문에서 설명한 바가 있다. 그는 독일어로 '괴기함'이라는 의미를 가진 단어인 *unheimlich*가 *heimlich*와 관계가 있다는 관점에서 논의를 시작한다. 프로이트의 이러한 작업은 후에 라캉이 '무의식은 언어처럼 구조돼 있다'는 이론으로까지 전개된다. 여기서 *heimlich*는 친숙한 것, 집과 같은 것이라는 의미가 있는데, 이처럼 집처럼 친숙하다는 의미를 가진 단어가 *unheimlich*와 밀접한 관계를 가지고 있음을 프로이트는 직관적으로 간파한다. 따라서 그는 "괴기함*Unheimlich*이라는 단어가 어떤 이유에서인지는 모르나 '친숙함'*heimlich*의 하나의 갈라진 의미"라고 주장한다.[48] 이러한 괴기함이라는 의미는 다음 두 가지 형태로 나타난다고 그는 주장한다. 그 하나는 괴기함이 무의식 속에서 신비한 원시 시대의 신화 형태로 나타나는 것이고, 또 다른 하나는 반복이나 우연 또는 더블의 형태로 나타나는 반복이다.[49] 우리가 여기서 관심을 가지는 것은 두 번째의 경우이다. 이 경우 반복은 억압된 경험이 겉으로 드러난 것으로 프로이트는 본다. 프로이트는 따라서 이렇게 결론 내린다: "괴기함*unheimlich*은 한때는 친숙하던 것*heimlich*이 그렇게 변한 것이다.

---

48) Freud, "The Uncanny," p. 347.
49) Brooker, p. 258.

unheimlich(괴기함)이라는 단어의 접두어인 [*un-*]이 바로 이런 억압의 흔적을 드러내는 것이다."50) 프로이트의 이런 설명은 이 시를 읽는 데 아주 중요한 실마리를 제공한다.

이 시에는 해독 불가능한 괴기한 표현들이 많이 나온다. 어떤 비평가들은 이러한 괴기한 문장들이 이 시의 초현실성을 보여주는 것이라고 주장하기도 한다.51) 이러한 주장에는 괴기한 표현들이 이 시의 무의식을 보여준다는 측면에서 볼 때 어느 정도까지는 타당성이 있는 주장이다. 왜냐하면 초현실주의는 무의식을 드러내는 측면이 많기 때문이다. 그러나 이 시에 나오는 괴기한 문장들은 프로이트의 괴기함에 대한 정신분석학적 접근으로 더 잘 설명될 수 있다. 다음과 같은 표현을 보자.

> 작년 뜰에 심은 시체에
> 싹이 트기 시작했나? 올해엔 꽃이 필까?
> 혹시 때아닌 서리가 묘상苗床을 망쳤나?
> 오오 개를 멀리하게, 비록 놈이 인간의 친구이긴 해도
> 그렇잖으면 놈이 발톱으로 시체를 파헤칠 걸세!52)

이 같은 표현은 괴기한 묘사들 중에서 대표적인 것으로 통상적인 읽기로는 그 의미가 전혀 해독되지 않는다. 여기에 나오는 '시체'는 아주 엉뚱한 어휘여서 쉽게 의미를 파악하기 힘들다. 그러나 대부분의 비평가들은 시체를 고대 풍요제의 의식에서 풍년을 기원하기 위해 땅에 묻는 신들의 형상이라고 보는 것이 정설인 듯하다.53) 그러나 밀러는 여기 나오는 개는 엘리

---

50) Freud, "The Uncanny," p. 368.
51) 이러한 대표적인 논문으로 Hargrove and Grootkerk의 논문을 볼 것.
52) Eliot, CPP, p. 63. 황동규 58쪽.

엇의 마음속에 존재하는 개, 즉 그의 숨겨진 비밀일 것임에 틀림없다고 다음과 같이 주장한다.

> 그것[개]은 [엘리엇의 마음속에 있는] 개임에 틀림없다. [이 개는] 기억의 육정肉情으로서의 과거[의 욕망]를 묻혀 져 숨어 있게 내버려두는 것이 아니라 이를 파내어 심리적인 대면을 야기함으로써 공포와 마비, 그리고 거세까지도 야기 시킬 수 있는 그런 것이다.54)

이렇게 본다면 여기에 나오는 '시체'는 고대 풍요제에서 땅에 묻는 신들의 형상과는 전혀 상관이 없는 엘리엇 자신의 "죄의 은폐"인 셈이다.55) 물론 여기서 '죄'는 베르드날과의 동성애적 관계를 의미한다.

이 시에는 또한 '시체'가 많이 등장하는데, 왜 시체가 많이 등장하는 지에 대한 라모스의 다음과 같은 설명은 밀러의 이 같은 주장을 더욱 더 설득력이 있게 한다.

> 엘리엇의 시에 나오는 동성애 선정성은 한결같이 시체 애호증necrophilia이라는 형태를 취하는데, 엘리엇이 [동성애를] 이렇게 표출하는 이유는 이렇게 하는 것이 안전할 뿐만 아니라 동성애가 그 자체로서도 치명적이기 때문이다.56)

이처럼 엘리엇은 이 시에서 자신이 말하는 바를 분명히 말하지 않으면서 무의식을 드러내기 위해 끊임없이 미끄러지는 기표의 유희를 시 쓰기의

---

53) Southam, p. 92; Jain p. 163.
54) Miller, p. 77.
55) Cole, p. 98.
56) Lamos, p. 114.

기법으로 사용한 셈이다. 이렇게 함으로써 이 시의 의미는 계속적으로 유예되어 확정 불가능한 상태가 된다. 이 같은 엘리엇 특유의 시 쓰기는 라캉의 정신분석이론을 원용할 경우 기표로 이루어진 무의식의 작동을 좀더 잘 볼 수 있게 한다.

6. 나가는 말

『황무지』는 20세기 영어권 시인 중에서 가장 유명한 시인인 엘리엇의 대표작이다. 그러나 1922년에 출간된 이 시가 의미하는 바가 무엇인지에 대한 논란은 아직도 진행형이다. 엘리엇 자신도 이 시에는 구조가 없으며, 또한 자신이 이 시를 쓸 때에 무엇을 쓰고 있었는지에 대해 알지 못했노라고 말한 사실은 그가 시치미 떼기로 유명한 사람임에도 불구하고 독자가 이 시를 어떻게 읽어야 할 지에 대해 느끼는 혼란을 더욱 더 부채질하는 결과를 가져 왔다.

　　그러나 이 시를 어떻게 읽을 수 있는가에 대한 방향 설정은 예상하지 않았던 의외의 방향에서 찾아질 수 있다. 그것은 프랑스의 정신분석학자인 라캉의 무의식에 대한 이론에서이다. 라캉은 프로이트의 정신분석이론을 재정립 또는 재해석함으로써 20세기의 정신분석학의 새로운 지평을 연 인물이다. 정신분석이론에서 그와 프로이트의 입장은 근본적으로 유사한 것임에도 불구하고, 프로이트가 정신분석학 이론을 정립할 당시에는 아직도 계발되지 않았던 타 학문의 이론을 라캉은 후발 주자로서 접할 수 있었다는 이점을 가지고 있다. 그가 정신분석이론을 정립함에 있어 원용한 타 학문과의 소통은 소쉬르의 언어학, 야콥슨의 이론, 레비 스트로스의 구조주의 이론, 인류학 등 이루 헤아릴 수 없을 정도이다.

　라캉의 정신분석이론에서 핵심적인 위치를 차지하는 개념은 무의식에 대한 이론이다. 그는 "무의식은 언어처럼 구조돼 있다"는 명제를 일종의 캐치프레이즈처럼 내걸음으로써, 무의식의 구조는 곧 언어의 구조임을 역설한다. 그는 단순히 언어학의 이론을 차용하고 도입하여 무의식의 구조를 설명하는 데에 머물지 않고 이에서 더 나아가 자신의 독특하고 고유한 이론을 전개한다. 예를 들면, 소쉬르는 기의와 기표와의 밀접한 관계를 주장하면서 기의가 기표보다 우위를 차지하고 있다고 주장했다. 그러나 라캉은 언어처럼 구조돼 있는 무의식에서는 기의가 기표보다 우위에 있는 것이 아니라 오히려 기표가 기의보다 우위에 있음을 주장한다. 또한 소쉬르는 기의와 기표가 밀접한 관계를 유지함으로써 하나의 기호로 작동한다고 주장한 반면, 라캉을 기표와 기의는 서로 단절돼 있다고 주장한다. 이러한 라캉의 주장이 의미하는 바는 기표는 기의와 아무 관계없이 유희한다는 것을 의미한다.

　이 같은 라캉의 무의식에 대한 이론이 『황무지』를 읽는 데 어떻게 원용될 수 있을까? 우선 라캉의 이론은 이 시를 읽는 데에 있어 방향의 전환이 필요함을 보여준다. 이제까지 읽기에서는 이 시가 무엇을 의미하는지에 대한 추구가 주류를 이루었다. 그러나 라캉의 이론을 참조할 경우 우리는 이제 기표의 유희에 관심을 돌려야 함을 인식하게 된다. 이렇게 될 경우 우리는 이 시가 무엇을 의미하는가 라는 이제까지의 강박관념으로부터 풀려나 이 시에 나타난 기표의 유희를 눈여겨볼 수 있다. 이러한 기표의 유희는 기의보다 우선하는 것이기 때문에, 기의에 종속되지 않을 뿐만 아니라, 기의로부터 자유롭다. 이러한 읽기 전략의 방향 전환은 또한 독자로 하

여금 그가 반드시 기의를 찾을 필요는 없다는 획기적인 결론에 이르게 된
다. 이렇게 함으로써 우리는 이 시가 무엇을 의미하는가에 집착하기보다는
기표가 어떻게 전치되는가를 살펴볼 수 있게 된다.

7
『롤리타』, 어느 소아성애자의 고백

1. 시작하는 말

우리가 간단하게 줄여서 『롤리타』라고 부르는 소설의 원래 제목은 『롤리타, 어느 백인 홀아비의 고백』이라는 좀 긴 제목이다. 이 소설은 러시아 출신의 미국 망명 작가인 블라디미르 나보코프의 작품으로, 이 소설이 미국에서 G. P. 퍼트남 출판사에 의해 1958년에 출간되자 일약 베스트셀러가되었으며 나보코프는 일약 유명 소설가가 되었다. 이 소설은 미국에서 출판되기 전에 1955년에 이미 프랑스 파리에서 올랭피아 출판사에 의해 출간된 바 있다. 이 소설이 미국에서 출판되기 전에 프랑스에서 먼저 출판된이유는 나보코프가 미국 출판사 4곳과 접촉했으나, 네 출판사 모두 이 책이 외설물이라는 이유로 출판을 거절했기 때문이다. 미국 출판사들이 이처럼 이 소설의 출간을 거부한 이유는 이 소설이 소아성애를 다룬 소설이라는 이유에서이다. 소아성애는 성인 남성이 미성년자와 변태적 성관계를 맺는 것을 말하는 것이다. 이 경우 미성년자는 남자 아이일 수도 있고 또한 여자 아이일 수도 있다. 이러한 불건전한 성관계는 이 소설이 출간됐을 때는 물론이거니와 그 후 몇 십 년이 지난 지금에 와서도 형법의 엄한 처벌 대상이 되는 범죄 행위일 뿐만 아니라 또한 도착증倒錯症이기도 하다. 따라서 미국에서 출판사가 이런 음란물을 출판할 경우 형법상의 처벌을 두려워했을 뿐만 아니라, 명예 손상을 받을 위험성이 아주 높았다. 바로 이런 이유 때문에 미국의 출판사들이 이 소설의 출판을 거절했다. 프랑스에서 이 소설이 출간되자 그레엄 그린의 추천에 의해 『런던 타임스』는 이 소설을 1955년에 출간된 가장 훌륭한 책 중의 하나로 선정하게 된다. 이 소설이 이처럼 좋은 평가를 받은 데 고무되어 미국에서도 이 소설이 출간되었으며, 이 소설에 대해 독자들이 뜨거운 반응을 보이게 되자 나보코프는 많은 인세印稅 수입을 올릴 수 있게 된다. 이렇게 되자 1958년 그는 생계를 꾸리기 위해 재직하던 코넬 대학교로부터 1년 동안 휴직하여 유럽으로 여행을 떠난다. 이것이 이 소설의 출간에 얽힌 아주 간단한 사연이다.

이 소설을 이해하기 위해 아주 간단하게 이 소설의 줄거리를 살펴보자. 이 소설의 주인공인 험버트 험버트는(이후 험버트 험버트는 줄여서 험버트라고만 표기함) 파리에서 태어났다. 그의 아버지는 부유한 가문 출신으로 여러 나라의 혈통이 섞여 있다. 그의 어머니는 그가 세 살 때 세상을 떠났는데, 이렇게 되자 그의 이모가 집에 들어 와 그를 양육하게 된다. 이모는 아주 엄격하게 그를 교육한다. 그의 아버지는 여러 여자들과 사귀던 인물인데, 험버트가 열세 살이 되던 해에 그는 아버지로부터 성性에 대해 알게 된다. 그 후 험버트는 그보다 몇 달 연상인 애너벨이라는 소녀와 첫사랑을 하게 된다. 그는 해변 가의 동굴에서 그녀와 성적 접촉을 시도하는데, 이러한 그의 시도는 지나가던 두 남자 어른들의 출현으로 좌절된다. 그 후 몇 달이 지나 애너벨은 병으로 죽게 되고, 이렇게 해서 이루어지지 못한 사랑은 험버트에게 일생 동안 하나의 지울 수 없는 커다란 정신적 외상이 된다. 이러한 경험이 고착固着되어 험버트는 아홉 살에서 열네 살 사이의 어린 소녀에게 성적 매력을 느끼는 소아성애증자가 된다. 이런 어린 소녀를 험버트는 님펫이라고 부르는데, 이러한 소녀들은 소아성애증자인 중년의 남자에게 마술적인 힘을 가진 악마가 된다.

어린 소녀에 대해 이 같이 은밀한 욕망을 품고 사는 험버트는 이를 억제하고 정상인처럼 살려고 무던히 애를 쓴다. 이 같은 그의 욕망의 억제는 그로 하여금 환상 속으로 들어가게 하여 그는 환상 속에서 자신만의 만족과 기쁨을 맛보는 이상 성격의 소유자가 되게 한다. 님펫의 활기차고 아름다운 모습을 보며 그 자신만의 짝사랑을 하는 것이 남이 모르는 그만의 낙이 되었기 때문이다.

영문학과 불문학을 공부한 험버트는 파리에서 폴란드 의사의 딸인 발레리아와 결혼한다. 그녀는 20대 후반의 여성으로 기질적으로 어린애다운 특성을 지닌 것이 그가 그녀에게 매력을 느낀 가장 큰 요인이다. 이렇게 해서 결혼 생활을 하던 중, 그는 미국에 사는 이모부로부터 그가 미국으로 이주할 경우 그에게 사업과 재산을 상속해 주겠다는 제의를 받는다. 이런 제의를 받고 출국 수속을 하던 중, 발레리아는 그녀가 좋아하는 다른 남자가 생겼다고 고백하면서 그를 떠나게 된다. 발레리아가 이처럼 갑자기 그의 곁을 떠나자 험버트는 커다란 정신적인 충격을 받고 정신 이상을 일으키게 된다. 이렇게 되어 그는 1년 이상 요양원에서 머무르게 되는데, 요양 과정에서 그는 정신과 의사들로부터 상담 치료를 받게 된다. 이런 치료를 받는 과정에서 그는 의사들에게 자신이 가지고 있는 소아성애증을 속이는 데 성공한다. 그리하여 의사들은 그를 동성애자가 아니면 완전한 성불구자로 진단하게 된다.

험버트가 미국에 도착한 것은 그가 37세가 되었을 때였다. 그는 뉴저지주의 램즈데일에서 샬로트라는 여자의 집에 방을 얻어 살게 되는데, 그가 거기서 방을 얻어 살게 되는 이유는 순전히 샬로트의 12세 된 딸 롤리타 때문이다. 그는 롤리타에게 첫눈에 반하여 롤리타를 차지할 수 있는 방안으로 샬로트의 집에서 방을 얻은 것이다. 롤리타를 본 험버트는 그가 애너벨에게 느꼈던 격정적인 욕망이 다시 타오르는 것을 느꼈기 때문이다. 더구나 샬로트가 험버트에게 청혼을 하게 되자, 그는 이것이 롤리타에게 합법적으로 접근할 수 있는 최상의 방법임을 알고 그녀에 대해 성적인 매력을 느끼지 않았음에도 불구하고 그녀와 결혼한다. 그러던 어느 날, 샬로트는 험버트가 쓰던 일기장을 보게 된다. 험버트의 이 일기장에는 그가 롤리타에게 은밀하게 느끼던 걷잡을 수 없는 욕정이 적혀 있다. 이는 샬로트에게는 충격이 아닐 수 없다. 험버트는 이런 일기장의 내용이 그가 쓰려고 하는 소설의 내용이라고 변명하지만, 충격을 받은 샬로트는 이런 험버트의 일탈된 애정을 알리는 편지를 가지고 이를 부치려고 밖으로 달려나가다가 차에 치어 죽고 만다. 이렇게 해서 험버트는 미성년자인 롤리타의 합법적 보호자가 된다. 샬로트가 죽었을 때 롤리타는 여름 캠프에 있었다. 그는 롤리타에게 가서 핑계를 대고 그녀를 밖으로 불러내어 '마법에 걸린 사냥꾼들'이라는 호텔에 묵는다. 호텔에 투숙하는 동안 그는 롤리타로부터 성적 욕망을 채우는 것이 여의치 않을 것으로 생각하여 의사로부터 성능이 강한 수면제까지 처방 받아 준비한다. 그러나 그의 예상과는 달리 수면제는 작용하지 않고 그 대신 롤리타가 그를 유혹하는 처지가 된다. 롤리타는 캠프에서 찰리라는 아이와 성관계를 경험했기 때문에 이미 성적으로 순결하지 않다. 그 후 이들은 여러 호텔을 전전한 후, 비어즐리라는 곳에 정착하여 롤리타는 다시 학교에 다니게 된다. 그러나 험버트는 롤리타가 남자친구들과 사귀지 못하게 하는 등 그녀를 사회적인 접촉으로부터 차단한다. 험버트가 그녀를 사회적으로 차단하려고 하면 할수록 그녀는 더욱 더 상궤에서 벗어나 비정상적이 된다.

험버트에 의해 인위적으로 외부와 차단된 생활을 하게 된 롤리타는 이러한 고립된 생활에서 벗어나기 위해 학교에서 공연하는 연극에 출연하게 된다. 그리고 나서 이 둘은 두 번째로 여행을 같이 하게 된다. 이상하게도 그들이 여행하는 동안 이들은 어느 중년 남자의 추적을 받게 된다. 그러던 어느 날 롤리타는 어느 병원에서 자취를 감춘다. 험버트는 롤리타를 찾기 위해 백방으로 노력해 보지만 그녀가 사라진 후 3년이 되도록 그녀를 찾지 못한다. 그 사이 험버트는 리타라는 여자를 만나 동거하게 된다. 그가 리타와 함께 살게 된 것은 그녀가 화장을 하여 어린 소녀처럼 보이기 때문이다. 그러던 어느 날, 험버트는 롤리타로부터 한 통의 편지를 받는다. 롤리타가 그에게 편지를 쓴 이유는 그녀의 경제 사정이 여의치 않아 그로부터 경제적인 도움을 받기 위함이었다. 편지에 적힌 주소를 역 추적한 험버트는 그녀를 찾게 된다. 롤리타는 이미 자동차 수선공과 결혼하여 임신 중이지만, 험버트는 그녀에게 돌아올 것을 간청한다. 그러나 롤리타는 그의 청을 거절하고 만다. 이에 험버트는 그녀에게 필요한 돈을 주고 그녀가 실종됐을 때 그를 납치한 장본인이 누구인지 알게 되는데, 그는 램즈데일의 학교에서 롤리타가 연극할 때 대본을 쓴 퀼티라는 인물이다. 험버트는 그를 찾아가 권총으로 살해하고 체포된다. 이 소설은 그가 체포된 후 자신의 이야기를 자술自述한 것이다. 험버트는 자신의 이야기를 쓴 후 심장병으로 죽게 되고, 롤리타는 출산 중에 죽게 된다는 것이 이 이야기의 후일담後日譚이다.

2. 『롤리타』를 어떻게 읽을 것인가?

이 소설은 독자와 비평가에게 아주 심각한 문제의식을 던지는 작품이다. 이 작품이 문제의식을 불러일으키는 이유는 그것이 다루는 주제가 지금까지 어느 문학 작품에서도 금기시돼 왔던 소아성애자를 다루고 있기 때문이다. 성인의 혼외정사라든지 또는 변태적인 성애는 여러 번의 고비를 통해 문학에서 이제는 금기가 해제된 상태이지만, 소아성애 만큼은 필자가 이 글을 쓰는 시점에서도 아직도 실정법상으로 금기로 남아 있기 때문이다.

　나보코프는 이 소설 읽기에 있어 다음 두 가지 요구를 한다. 이 두 가지 요구는 첫째는 이 소설이 정신분석학적 관점으로 읽히는 것에 대해 반대하는 것이며, 두 번째 요구는 이 소설은 도덕률과는 무관하다는 그의 주장이다. 이 두 요구에 대해 살펴보기로 하자. 우선 첫 번째 요구를 보자. 그는 "『롤리타』가 하나의 사례 연구로서 정신의학 분야에서 하나의 고전이 될 것임에 틀림없다"고 말한다.[1] 그렇다면 우리는 정신의학 분야의 대표적인 이론인 프로이트의 정신분석이론을 원용하여 이 소설을 읽는 것은 당연 이상의 당연은 아니겠는가? 그러나 나보코프는 "내가 상징과 알레고

---

1) Nabokov, *The Annotated Lolita*, p. 5.

리를 혐오한다는 사실은 만인이 다 아는 사실인데, 이는 내가 프로이트의 이론의 비과학적인 주술에 대해 오랫동안 불화하고 있기 때문이다"라고 말한다.[2] 이렇게 말함으로써 그는 이 소설이 정신분석적으로 읽히는 것에 대해 불편한 심기를 드러낸다.

그의 두 번째 요구는 이 소설이 도덕적으로 읽히는 것에 대해 그가 보인 강한 항의이다. 이 소설이 소아성애증을 다룬 작품이라면, 그것은 당연히 형법에 저촉될 것이라는 가정은 논란의 여지가 없다. 그럼에도 불구하고 그는 "나는 교훈적인 소설을 읽는 독자도 아니고 또한 교훈적인 소설을 쓰는 작가도 아니다. [중략]. 그리고 『롤리타』를 읽는 데에 도덕률을 끌어들일 필요는 없다. 내게 소설은 소박하게 미학적인 희열이라고 부르는 것을 제공하는 한에 있어서만 존재 가치가 있다"라고 주장한다.[3]

그렇다면 우리는 나보코프의 이러한 요구를 어떻게 받아들일 수 있을까? 우선 우리는 그가 프로이트의 정신분석이론에 대해 정도 이상의 깊은 전문적인 지식을 가지고 있음에 유의할 필요가 있다. 그의 이러한 지식은 이 소설에서 험버트가 요양원에서 자신의 소아성애 성향을 성공적으로 숨겨 정신과 의사로 하여금 그를 동성애자 내지는 완전한 성불구자라고 진단하게 만드는 것에 잘 드러난다. 정신과 의사를 속일 수 있는 실력이라면, 그는 정신과 의사보다 더 높은 차원의 지식을 가지고 있는 셈이다. 그렇다면 나보코프가 정신분석학적 접근을 하는 것에 대해 대단히 부정적인 견해를 드러낸 것은 그 자신의 방어 심리가 발동한 것이라고 말할 수 있다. 따라서 우리는 그의 이런 요구를 유의할 필요는 있어도 이를 그대로 실행할 필요는 없다. 단지 우리는 나보코프보다 더 정교한 정신분석이론을 원

---

2) Navokov, *The Annotated Lolita*, p. 314.
3) Navokov, *The Annotated Lolita*, p. 314.

용할 필요가 있음을 인식할 필요가 있다.

그의 두 번째 주장은 이 소설을 도덕적으로 읽지 말라는 요구이다. 물론 문학 작품은 도덕 교과서는 아니다. 그럼에도 불구하고 문학 작품에서 도덕적인 측면을 무시할 수는 없다. 더구나 이 소설이 다루는 주제가 소아성애증라는 사회적으로 대단히 민감한 사안이라는 사실을 염두에 둔다면 우리는 이 소설을 읽는 데에 도덕적인 측면에 대해 맹목적으로 눈을 감을 수는 없다. 따라서 우리는 이 소설 읽기에 있어 도덕적인 고려를 하지 말라는 나보코프 자신의 요구를 한 쪽 귀로 듣고 다른 쪽 귀로 흘려보내야 할 것이다. 작가는 자신의 작품을 완성하는 순간부터 독자에 대해 아무런 요구를 할 수 없는 위치에 있기 때문이다. 작가가 자신의 독립적인 위치를 가지는 것이라면, 독자 또한 작가 못지 않게 자신의 해석의 독자성을 유지할 수 있기 때문이다.

이 소설을 읽는 데 필자가 주로 원용하는 이론은 프랑스의 정신분석학자인 라캉의 이론이 될 것이다. 라캉은 프로이트의 이론은 좀 더 정교하게 발전시킨 인물이다. 프로이트는 정신분석학을 창시한 인물이기는 하지만, 그의 이론이 완전무결하지는 않다. 어떤 경우에는 그가 미처 생각하지 못한 부분이 있기도 하다. 대개의 경우 학문의 발전이란 다른 학문과의 영향 내지는 소통을 수반하는 경우가 많다. 프로이트의 경우도 예외는 아니다. 라캉은 프로이트가 살던 때에 아직도 개발되지 않아 프로이트가 참조하지 못한 여타 학문을 정신분석이론에 접목한다. 예를 들면 라캉은 프로이트를 재해석하는 과정에서, 프로이트가 살던 때에 아직도 개발되지 않았던 기호학, 언어학, 인류학 등의 개념으로 그의 이론을 재해석하고 있기 때문이다. 이러는 과정에서 라캉은 소쉬르, 로만 야콥슨, 그리고 레비 스트로스 등의 이론과 프로이트의 이론을 접목시키는 탁월한 업적을 남기게 된다.

3. 정신적 외상으로서의 어머니의 상실과 〈대상 소문자 a〉*objet petit a*

햄버트에게 있어 뭐니뭐니 해도 가장 충격적인 사건은 그가 아직 어렸을 때 그의 어머니가 세상을 떠났다는 사실일 것이다. 이러한 사건은 그에게 있어 대단한 정신적 외상이 되었음에 틀림없다. 그가 후에 롤리타에게 병적으로 집착하는 소아성애자小兒性愛者가 된 원인도 잘 살펴보면 그가 어렸을 때 일어난 이러한 충격적인 사건에 기인하는 것으로 볼 수 있다. 이러한 사건이 얼마나 충격적이었는지는 햄버트의 다음과 같은 어머니의 죽음의 묘사에서 잘 드러난다.

> 젖은 납빛 옷을 입은 나의 어머니가 밀려드는 안개 속에서 (나는 어머니를 아주 생생하게 기억하고 있다) 물리네 위에 있는 산등성이를 숨을 헐떡이며 황홀해 하면서 올라 가다가 벼락 맞고 쓰러져 죽었을 때, 나는 겨우 [세살 먹은] 갓난아기에 불과했다. 그리고 후에 내가 성장해서 심리 치료를 받을 때 심리 치료사들이 내게 어릴 적 추억을 회상하라고 아무리 닦달을 해도 나는 내 어릴 적의 어느 한 순간도 우리가 익히 말하는 달콤한 추억과 하나도 연결할 수 없었다.[4]

이 같은 햄버트의 묘사는 우리에게 많은 것을 시사한다. 우선 어머니가 산등성이를 숨을 헐떡이며 황홀경을 경험하며 올라간다는 묘사이다. 이러한 묘사에서 우리는 그의 어머니가 성적인 오르가즘을 느끼고 있었다는 인상을 지울 수 없다. 더구나 당시 주위에는 안개가 밀려오고 있었으며, 어머니

---

4) Nabokov, *The Annotated Lolita*, p. 287.

는 젖은 납빛 옷을 입고 산등성이를 오르고 있었기 때문이다. 다음으로 우리가 유의할 것은 험버트가 성장하여 정신분석 치료를 받게 되는데, 이러는 과정에서 정신분석의 가장 중요한 방법 중의 하나인 자유 연상에 의한 어릴 적 경험을 되살리는 과정을 보게 된다. 어린애에게는 어머니가 세상의 모든 것인데, 이렇게 해서 어머니를 상실했으니, 그의 유일하고 강력한 보호막이 사라진 셈이다. 그러니 그의 유년 시절의 기억에서 아름다운 추억은 존재할 수가 없다. 더구나 어머니는 황홀을 느끼며 산을 올라오다가 벼락을 맞아 죽었으니 험버트에게는 이것이 얼마나 큰 충격이었겠는가? 어머니가 성적인 오르가즘을 경험하는 중에 벼락 맞아 횡사橫死했다는 은유적인 표현은 험버트 자신에게 전치轉置되어 그가 후에 애너벨과 가진 첫 번째 성행위가 행인에 의해 목격되어 성공하지 못하고 불발로 그친 것은 예삿일이 아니다.

그러나 우리가 위의 묘사를 유의해야 하는 이유는 이러한 설명보다 더 중요한 데에 있다. 라캉에 따르면 인간 주체는 상상계를 지나 상징계에 진입하게 되는데, 이러한 상징계로의 진입은 상징계의 대타자大他者인 언어의 습득이라고 주장한다. 아이는 상상계에서 어머니와 즉자卽自적인 관계를 가지다가 상징계에 진입하면서 언어를 매개로 한 대자對自적 관계로 전환하게 된다. 이 경우 언어는 단지 기의를 무한히 지시할 뿐이기 때문에 이전의 어머니와의 즉자적인 관계에서 가능하던 객체의 즉각적이고 직접적인 파지把持가 불가능하게 된다. 이러한 과정에서 파생되는 나머지를 라캉은 <대상 소문자 a>objet petit a라고 부른다. 이런 <대상 소문자 a>의 대표적인 것들로 그는 젖가슴, 대변大便, 상상적인 대상으로서의 남근男根, phallus, 오줌 줄기, 눈길凝視, 목소리 등을 열거하고 있다.5) 이것들은 어린애가 어머니와 친밀하던 상상계를 떠나 언어 기호가 지배하는 대타자의 세계인 상징계로 진입하는 과정에서 분리되는 어머니와의 접촉물의 잉여剩餘로 이는 어린애가 성장한 후 그의 성감性感을 촉발하는 인자가 되기도 한다.

　　험버트가 롤리타 같은 어린 소녀에게 보이는 소아성애증은 정신의학에서는 성도착증性倒錯症, paraphilia으로 분류하는 증상 중의 하나이다. (이러한 성도착은 이전에는 perversion이라는 또 다른 이름으로 불리기도 했는데, 요새는 paraphilia라고 불린다). 라캉은 이에 대해, "성도착증의 모든 문제는 어린애가 어머니와의 관계에 있어서 [중략] 어머니와의 생물학적인 의존보다는 어린애가 어머니의 애정(즉 어머니의 욕망에 대한 어린애의 욕망)에 어떻게 의존하고 있는가에 관련하여, 어머니가 남근을 상징하는 한에 있어서 어린애가 어머니의 욕망의 상상적인 대상과 자신을 어떻게 동일시하는가를 상정하는가에 달려 있다"고 주장한다.6) 이를 좀더 쉬운 말로 설명하면 어린애가 어떻게 해서 성도착증을 가지게 되는가 하는 문제는 그가 어머니의 욕망의 대상과 어떻게 동일시하는가 하는 문제인 셈이다. 그렇다면 험버트가 소아성애증을 보이게 된 원인 또한 어머니의 상실과 연관이 있을 것으로 추정하기는 그리 어려운 일이 아니다. 그가 어머니를 상실한 것이 낙뢰落雷라는 대단히 충격적인 사건인 만큼 이러한 사건은 그에게는 정신적 외상이 되었다. 험버트가 정상적으로 성장하여 어른이 된다 해도 상상계에서 상징계로의 진입 자체가 충격적인 경험이다. 더구나 어머니를 잃은 것 어린 험버트에게는 충격적인 것이기 때문에 이는 벼락으로 묘사된 것임에 틀림없다. 따라서 "어머니의 상실이 그의 성도착증의 핵심에 있음"을 알 수 있다.7) 이에 대해 하이어트는 다음과 같이 말한다.

---

5) Lacan, *Écrits: A Selection*, p. 315.
6) Lacan, *Écrits: The First Complete Edition in English*, pp. 462-3.

님펫들은 이제 험버트에게 성적 매력으로 다가온다. 그 이유는 그들은 아직도 때묻지 않았기 때문이다. 그가 롤리타와 갖는 관계는 그와 그의 어머니 사이에 존재하던 청순한 관계를 복원하려는 하나의 시도이다.[8]

이러한 험버트의 시도는 <대상 소문자 a>를 매개로 한 시도이기도 하다. 따라서 <대상 소문자 a>는 하나의 정신적인 실재일 뿐, 구체적으로 존재하는 대상은 아니다. 따라서 험버트가 롤리타에 대해 다음과 같이 말하는 것은 실재하는 대상으로서의 롤리타에 대한 묘사가 아니라 그녀에 대해 그가 느끼는 감정인 셈이다.

> 내가 미친 듯이 소유했던 것은 그녀가 아니라 내 자신의 창조물일 뿐이다. 그것은 또 하나의 환상적인 롤리타일 뿐이다―그것은 아마도 롤리타보다도 더 실제 같은 롤리타일지도 모른다.[9]

그는 이어서 이렇게 말하기도 한다.

> 나는 영원히 롤리타와 사랑에 빠졌음을 안다. 그러나 그 애가 영원히 롤리타일 수 없음도 또한 알고 있다. [중략]. <영원히>라는 말은 오직 내 열정을 나타내는 말이고, 내 핏줄을 타고 흐르는 영원한 롤리타를 가리키는 것이다. 아직 성숙하지 않은 내가 오늘 만지고 냄새 맡고 듣고 볼 수 있는 롤리타. 고음의 목소리와 탐스러운 갈색 머리칼을 가진 롤리타.[10]

이 같은 묘사를 통해 험버트가 롤리타에게서 추구하는 것은 상실된 과거

---

7) Couturier, p. 42.
8) Hiatt, p. 364.
9) Nabokov, *The Annotated Lolita*, p. 62.
10) Nabokov, *The Annotated Lolita*, p. 65

의 어머니의 이미지를 현재의 롤리타를 통해 되살리려는 욕망임을 알 수 있다. 그에게 있어 롤리타는 어머니의 상실로 남겨진 <대상 소문자 a>의 완전한 구현체具現體인 셈이다. 그가 롤리타를 통해 만지고 냄새 맡고 듣고 보는 것은 다름 아닌 잃어버린 어머니를 촉각, 후각, 청각, 시각을 통해 감지하기 위한 방편일 뿐이다.

오감 중에서도 허버트에게 시각은 특히 발달돼 있다. 이는 시각이 주체와 객체의 구별을 분명히 해 줌으로써 욕망의 대상인 님펫을 통제할 수 있는 가장 효과적인 감각이기 때문이다. 허버트가 미국으로 이주하기 전 파리에 살 때, 그는 고아원을 방문하곤 했다. 그가 고아원을 방문한 것은 겉으로 보기에는 거기에 가서 자원 봉사를 한 것처럼 보일지 모르지만, 그가 거기에 간 것은 그런 목적이 아니었음을 다음과 같은 묘사에서 알 수 있다.

> 나는 가끔 내가 사귄 사회사업가와 정신 치료사를 이용하여 그들과 함께 고아원이나 소년원을 방문했다. 그런 곳에 가서 짙고 시커먼 속눈썹을 한 창백한 사춘기 소녀들을 오랫동안 뚫어지도록 보곤 했는데 내가 이렇게 하는 것을 아무도 눈치 채지 못했다. 이렇게 이들을 바라보는 일은 꿈을 꾸는 듯한 경험이었다.[11]

이 같은 묘사에서 우리는 여러 가지를 추론할 수 있다. 험버트는 사춘기 소녀들의 짙고 시커먼 속눈썹을 통해 이들의 성기에 짙고 시커먼 치모恥毛가 자라고 있음을 감지한 셈이다. 이렇게 생각함으로써 그들이 자신의 은밀한 성적 욕망의 대상이 되지만 이는 이룰 수 없는 욕망임을 스스로에게

---

11) Nabokov, *The Annotated Lolita*, p. 16.

상기시킴으로써 역설적으로 성적 쾌락을 느끼는 셈이다. 또한 그는 이처럼 자신이 지금 막 사춘기에 들어선 소녀를 뚫어지게 바라보는 것을 아무도 눈치 채지 못하는 동안 즐김으로써 그가 관음증觀淫症을 가지고 있음을 드러낸 셈이다. 더구나 그가 이렇게 남 몰래 소녀들의 짙은 속눈썹을 보고 성적인 쾌락을 느끼는 것을 꿈속에서의 경험과 비교함으로써 자신이 가진 성적 경향이 무의식에 숨겨진 변태임을 드러낸다.

4. 험버트, 소아성애자로 고착되다

험버트는 태어날 때부터 소아성애자는 아니었다. 그는 일련의 사건을 겪으면서 그가 가지고 있던 소아성애적 경향이 고착된 것으로 이 소설은 묘사하고 있다. 물론 그의 어머니가 불의의 사고로 죽은 후 이런 사건은 그에게는 커다란 정신적 외상이었을 것은 불문가지不問可知의 일이다. 그렇다 해도 이 사건이 그를 소아성애자로 만든 결정적인 계기라고 단정하기는 어렵다. 그보다는 그가 이성異性과 가진 첫 번째 경험이 실패한 것이 그가 소아성애자가 된 결정적 계기는 아니었을까 하는 의구심을 지울 수가 없다.

그가 가진 첫 번째 이성과의 관계는 애너벨과의 사이에 이루어졌다. 그 당시 험버트의 아버지는 프랑스의 리비에라에서 호텔을 경영하고 있었는데, 그는 여기에서 사는 동안 그녀를 만났다. 그와 그녀가 같이 있는 사진은 험버트의 이모가 찍은 스냅 사진인데, 이 사진은 그가 이리 저리 옮겨 사는 동안 잃어버리고 말았다. 그러나 그는 이 사진이 찍힌 후 그들이 한 일을 똑똑히 기억하고 있다. 당시 이들은 길가의 카페에 애너벨의 부모, 그리고 이모와 함께 앉아 있었는데, 험버트는 애너벨을 데리고 해변으로 빠져나간다.

> 빤한 핑계를 대고 [중략] 우리는 카페를 빠져 나와 해변으로 가서 인적이 드
> 문 모래사장을 발견했다. 그리고 거기에는 붉은 바위들이 만든 보랏빛 그늘
> 아래 동굴이 하나 있었는데, 우리는 거기서 짧게 열정적으로 포옹했다. 누
> 군가가 잃어버린 선글래스만이 우리를 지켜보고 있었다. 내가 무릎을 꿇고
> 그녀를 소유하려는 찰나, 한 명은 노인이고 또 다른 사람은 그의 동생처럼
> 보이는 턱 수염을 기른 두 수영객이 바다에서 나와 우리에게 상소리를 해댔
> 다. 이런 일이 있은 4개월 후 그녀는 발진티푸스로 그리스의 커프 섬에서
> 죽었다.12)

험버트가 애너벨과 가진 관계, 좀 더 정확히 말하면 그녀에 대해 그가 한
성적인 접촉의 시도가 실패한 것과 곧이어 그녀가 갑자기 죽은 것은 그에
게는 그의 어머니의 횡사만큼이나 충격적인 사건이었다. 왜냐하면 그 자신
"애너벨의 죽음이 내게 가져다 준 충격은 악몽 같은 그 해 여름의 좌절을
씻을 수 없는 기억으로 만들어 황량하던 내 젊은 날을 통해 내가 앞으로
사랑을 하는 데 걸림돌이 되었다"라고 말하기 때문이다.13)

5. 험버트는 여성물건애자fetishist이다

험버트가 앨너벨을 사별하고 나서 그의 이런 쓰라린 경험 때문에 이성과
의 사랑에 장애를 느낀다. 이러한 장애는 그가 여성물건애자로 변하게 하
는 요인으로 작용한다. 이러한 예는 그가 롤리타를 만나 그녀를 인식하는

---

12) Nabokov, *The Annotated Lolita*, p. 13.
13) Nabokov, *The Annotated Lolita*, p. 14.

과정을 드러낸 다음과 같은 묘사에서 드러난다.

> 전혀 예고도 없이 내 가슴 깊은 곳에서 푸른 바다 물결이 넘실대고, 햇빛을
> 한껏 받은 깔개가 나타나자, 반라半裸를 하고 무릎으로 상반신을 돌리는 모습
> 이 보였다. 그것은 선글래스 너머로 나를 바라보는 리비에라의 사랑이었다.
> 　그녀[롤리타]는 예전의 그녀[애너벨]와 똑 같은 아이였다. 여전히 여리고
> 감미로운 어깨, 예전의 그녀와 같은 부드럽고 착 감기는 드러나 보이는 등,
> 옛날 같은 밤색의 머릿결. 물방울무늬의 스카프로 가슴을 가려 나의 늙어
> 가는 원숭이 같은 눈으로는 가슴이 보이지 않지만 나의 젊었을 때 기억까지
> 차단하지는 못한다. 영원히 잊을 수 없던 날에 내가 더듬었던 그녀[애너벨]
> 의 어렸을 적의 가슴.[14]

험버트는 롤리타의 성적 매력을 이렇게 적고 있다. 롤리타는 다름 아닌 애
너벨의 현현顯現인 셈이다. 그러나 우리는 이 묘사를 통해 그가 롤리타에게
서 느끼는 성적 매력의 특징을 알 수 있다. 그것은 리비에라 해변의 넘실
거리는 물결과 애너벨이 쓰고 있던 선글래스이다. 바닷물결은 자연 환경의
배경이지만, 선글래스는 인공물이다. 따라서 험버트는 애너벨과 자신이 가
졌던 추억을 선글래스를 통해 기억하고 있으며, 또한 선글래스는 롤리타의
성적 매력을 드러내는 강력한 상징물이 된다. 여기서 우리는 험버트가 여
성물건애자의 특성을 드러내는 것을 읽을 수 있다.

　여성물건애(또는 절편음란증切片淫亂症)의 특성에 대해 라이크로프트는 다
음과 같은 설명을 한다.

> 여성물건애자는 하나의 객체에 성적인 의미를 부여하는데, 이러한 성적인 의

---

14) Nabokov, *The Annotated Lolita*, p. 39.

미가 없으면 그는 성적 흥분을 일으킬 수 없다. 여성물건은 어느 인물이 가진 무생물적인 물건이거나 비성적非性的인 물건이다. 무생물적인 물건은 대개 의복, 신발 또는 장신구 등이며, 생물적인 물건은 대개 이齒나 머리칼이다.15)

이렇게 볼 때 험버트가 보이는 여성물건애는 애너벨이 가졌던 물건에 그의 애정이 전치轉置된 현상이다.

험버트는 단지 롤리타가 가진 물건에서 성적 흥분을 느끼는 것만은 아니다. 그는 롤리타가 풍기는 냄새에서도 애너벨의 체취를 느낀다.

그녀[롤리타]에게서 나는 체취는 리비에라의 여인이 풍기던 체취와 아주 똑같다. 그보다는 좀 더 강렬하고 야성적인 느낌이 든다. 내 남성을 흥분시키는 강한 냄새다.16)

그렇다면 애너벨이 풍기던 체취는 어떤 것이었는가?

내게 어떤 분粉 냄새의 기억이 떠오른다. 그녀[애너벨]는 어머니의 스페인 하녀가 쓰던 분을 몰래 발랐던가 보다. 그것은 향긋하고 은은한 사향내가 났다. 그 냄새는 그녀에게서 나는 비스켓 냄새와 어울려 나의 모든 감각을 마비시킬 정도로 흥분시켰다.17)

이 소설은 어떻게 보면 이 같은 험버트의 여성물건애의 나열처럼 읽힌다. 이러한 나열은 다음과 같은 롤리타에 대한 찬사에서 절정을 이룬다.

---

15) Rycroft, p. 57.
16) Nabokov, *The Annotated Lolita*, p. 42.
17) Nabokov, *The Annotated Lolita*, p. 15.

가장 확실한 것은 그녀, 이 롤리타, 나의 롤리타가 작가의 마음 속 깊은 곳에 있는 욕망을 자극한다는 사실이다. 그리하여 모든 것을 초월하여 롤리타는 존재한다.[18]

6. 험버트는 자신의 잘못을 뉘우치는가?

이 소설은 대단히 사회적으로, 그리고 성적으로 민감한 소아성애라는 주제를 다루고 있다. 그럼에도 불구하고 이 작품이 외설물의 범주에서 벗어나 문학 작품, 그것도 하나의 고전으로 자리 잡은 이유는 무엇일까? 그것은 험버트가 롤리타를 하나의 성적 대상으로만 보지 않고 하나의 인간으로 보는 심경의 변화를 보였다는 사실에서 찾아질 수 있다. 이 같은 계기는 험버트가 롤리타로부터 경제적인 도움을 청하는 편지를 받고 난 후 그녀를 찾아가 만나는 사건에서 발견된다. 그것은 롤리타가 잠적한 후 3년만의 일이었다. 험버트는 오랜 시간이 흐른 후에 다시 만난 롤리타를 이렇게 묘사한다.

> 키가 2인치 정도는 더 컸다. 분홍색 테가 있는 안경을 쓰고 머리는 위로 올린 새로운 스타일로 바뀌었다. 그뿐이었다! 그 순간은 내가 지난 삼년 동안 죽음이라고 생각해 왔던 것이 마치 마른 나무 토막처럼 내 앞에 그렇게 똑똑히 모습을 드러낸 것이다. 그녀는 임신해서 배가 엄청 불러있었다.[19]

이 같이 변한 롤리타를 보고 예전의 험버트였으면 그냥 돌아섰을 것이다. 롤리타는 그가 예전에 님펫이라고 부르던 미성숙한 성적 대상이 이미 아

---

18) Nabokov, *The Annotated Lolita*, p. 45.
19) Nabokov, *The Annotated Lolita*, p. 269.

니다. 그녀는 임신을 하여 님펫으로서의 매력을 모두 상실했기 때문이다. 이 같이 변한 롤리타의 모습은 다음과 같이 그려진다.

> 그녀의 머리는 좀 작아 보였다. [중략]. 그리고 그녀의 창백한 주근깨가 있는 볼은 홀쭉했다. 그녀의 드러난 종아리와 팔에는 예전 같이 햇빛에 탄 색깔은 전혀 없이 작은 솜털만이 보였다. 그녀는 갈색의 소매 없는 무명옷을 입고 품위 없는 막 신는 슬리퍼를 신고 있었다.[20]

이 같이 변한 롤리타를 보고 이전의 험버트 같았으면 이미 님펫이 아닌 그녀에게서 오히려 역겨움을 느꼈을 것이다. 그러나 그는 그녀에게서 역겨움을 느끼지는 않는다.

> 알다시피 나는 그녀를 사랑했다. 그것은 첫 눈에 반한 사랑이고, 마지막까지의 사랑이고, 언제까지나 변하지 않는 사랑이었다. [중략]. 이상했다. 그녀의 매력은 사라졌지만 그녀가 예전처럼 보티첼리가 그린 적갈색 나는 비너스의 모습으로 변하지 않고 있었음을 이렇게 늦게 새삼 참담하게 알았다.[21]

험버트는 그가 롤리타를 하나의 인격체로 사랑하고 있음을 안 것이다. 이처럼 새로운 사실을 안 그는 롤리타에게 다시 그에게 돌아 올 것을 간청하지만, 그녀는 그의 이런 청을 거절한다. 험버트는 그녀에게 4천 불이라는 거금을 주고 그녀를 떠난다.

험버트는 롤리타와 동거하는 참전 용사이고 한 쪽 귀가 어두운 딕에게는 아무런 반감이 없다. 그보다도 그는 롤리타를 유인하여 같이 도주한 후

---

20) Nabokov, *The Annotated Lolita*, p 269.
21) Nabokov, *The Annotated Lolita*, p. 270.

그녀를 버리고 떠난 퀼티에게 대단한 증오심을 보인다. 그가 퀼티에게 이처럼 커다란 반감을 드러내는 것은 퀼티가 롤리타를 물건처럼 취급하다가 그녀가 말을 안 들어 쓸모가 없어지자 그녀를 버렸기 때문이다. 퀼티는 그녀를 자신의 농장으로 데려가 거기서 포르노 영화의 배우로 사용하려 했다. 이런 포르노 영화가 어떤 내용이었는지는 허버트와 롤리타의 다음과 같은 대화에서 드러난다.

> "무슨 짓?"
> "아, 괴상하고 추하고 환상적인 짓들이에요. 소녀 두 명과 소년 두 명, 그리고 성인 서너너덧 명이 벌거벗고 한데 엉켜 있는데 늙은 여자 하나가 이를 촬영하는 거예요." (사드의 저스틴이 이런 일을 시작한 것은 그녀가 열두 살 때였다).
> "정확하게 무슨 짓을 했는데?"
> "아, 그런 건…… 오, 글쎄 난"
> 그녀가 "난"이란 말을 할 때 그것을 절규絶叫를 참는 것처럼 말했다. [중략]. 그리고는 적당한 말을 찾지 못해 그 대신 손가락을 모두 펴고 위 아래로 흔들었다. 아니, 그녀는 표현하는 것은 포기했다. 그녀는 임신 중이었기 때문에 [아기에게 좋지 않은 영향이 있을 것을 두려워해서] 더 이상 자세한 것은 거절했다.[22]

퀼티가 롤리타를 이런 포르노에 출연시키려 하자, 그녀는 이를 거부했다. 그녀가 이런 외설 영화에 출연하지 않은 것은 다음과 같이 묘사돼 있다.

> 그[퀼티]는 여러 가지 방면에서 재능이 있는 사람이었다. 그러나 그는 항상 술에 취하고 마약을 했다. 그리고, 물론 그는 성적으로 변태였고, 그의 친구

---

22) Nabokov, *The Annotated Lolita*, pp. 276-7.

들은 그의 노예나 다름없었다. [중략]. 그녀는 이런 영화에 출연하는 것을 거부했는데, 그것은 그녀가 그를 사랑했기 때문이었다. 그러자 그는 그녀를 버렸다.[23)]

이렇게 해서 퀼티로부터 버림을 받은 롤리타는 딕과 동거를 시작하여 임신을 하게 된 것이다. 이제 험버트는 롤리타를 버린 퀼티를 찾아내어 그를 죽이기로 작정한다.

퀼티가 롤리타에게 한 행동을 알게 된 험버트는 다음과 같이 회고하면서 자신이 롤리타에게 한 행동을 후회하게 된다.

내가 단지 인간이라는 사실을 초월할 수 없다는 것이 얼마나 슬픈 일인가. 내가 어떠한 정신적인 위안을 얻는다 해도, 그리고 도자기에 새겨진 문양처럼 내가 영원히 산다 해도 나는 내가 행한 끔찍한 욕정을 롤리타로 하여금 결코 잊게 할 수는 없을 것이다. 돌로레스 헤이즈[롤리타]라는 북미北美에 사는 한 소녀의 유년기가 어떤 정신병자에 의해 박탈당했다는 사실이 영원한 시간이 지난 후에도 티끌만큼도 문제가 되지 않는다는 것이 [중략] 나에게 증명되지 않는다면 [중략] 나의 비참함은 우울과 명확한 표현이 가져다주는 국소 통증 완화말고는 치료될 수 없을 것이다.[24)]

7. 나보코프는 커밍아웃 하지 않은 소아성애자인가?

『롤리타』는 나보코프의 가장 유명하고 탁월한 소설이다. 이 소설은 그를 일약 미국 문학을 대표하는 작가 중의 하나로 만들었을 뿐만 아니라, 이

---

23) Nabokov, *The Annotated Lolita*, p. 276.
24) Nabokov, *The Annotated Lolita*, pp. 282-3.

소설은 미국 문학에서 하나의 고전으로 남게 되었다. 그런데 이 소설과 관련하여 하나의 문제가 끊임없이 제기되었다. 그것은 이 소설이 그의 자전적自傳的인 사실을 담고 있는가 하는 문제이다. 다시 말하면, 이 소설에 묘사된 소아성애의 많은 것들이 그와는 무관한 것인지에 대한 의문이다. 나보코프 자신도 이 소설과 관련하여 그와 이 소설에 나오는 소아성애를 연관하는 사람들이 많다는 사실을 알고 있었으며, 그는 여러 번에 걸쳐 자신이 소아성애자가 아님을 분명히 한 바 있다. 그럼에도 불구하고 이러한 문제는 지금도 계속하여 제기되고 있다. 그렇다면 우리는 이 문제가 그냥 넘길 수 있는 사소한 문제가 아니라는 것을 알 수 있다.

우선 나보코프가 자신이 소아성애자가 아니라는 주장부터 들어 보기로 하자. 앨프레드 애플은 한 인터뷰를 인용하면서, 나보코프가 "나는 알다시피 정상적인 사람이요"라고 말했다고 적고 있다.[25] 그러면서 애플은 "나보코프가 연구자적인 자세로 신문 지상에 보도된 소아성애에 관한 기사들을 읽었으며 [중략] 사례 연구를 했다"고 적고 있다.[26] 애플은 또한 롤리타에 대한 언급이 나오는 인터뷰에서 다음과 같이 인용한다: "내[나보코프]는 여학생들의 말을 듣기 위해 학교 버스를 타기도 했다. 나는 내 딸을 전학시킨다는 핑계로 학교를 찾아가기도 했다. 그런데 나는 딸이 없다. 롤리타의 성격을 묘사하기 위해 나는 나의 드미트리[나보코프의 아들]를 만나러 온 여자 아이의 팔을 잡아 보기도 하고 또 다른 여자 아이의 무릎을 만져 보기도 했다."[27] 또 다른 기회에 나보코프는 프랑스의 작가 프루스트에 대해 강연하는 과정에서 다음과 같이 말한 적도 있다: "[프루스트가 쓴 작품

---

25) Nabokov, *The Annotated Lolita*, p. xl.
26) Nabokov, *The Annotated Lolita*, p. xl.
27) Nabokov, *The Annotated Lolita*, p. xl.

은 그의] 자서전이 아니다. 서술자는 그가 아니다. [중략]. 그리고 작중 인물들은 작가의 마음 속 이외의 어느 다른 곳에도 존재한 적이 없었다. 그러므로 우리는 작가의 삶을 뒤져서는 안 된다. 그것은 전혀 중요하지 않다."[28] 이 모든 진술을 종합해 보면, 나보코프는 자신이 소아성애자가 아니라고 강력하게 주장하고 있으며, 그의 작품을 연구하는 사람들도 그의 이런 주장을 받아들이는 경우도 있다. 그러나 나보코프가 이처럼 강력하게 자신이 소아성애자가 아니라고 항의하는 것 자체가 의심을 증폭시키는 결과를 가져오기도 한다. 그가 소아성애자일 가능성을 시사하는 많은 증거들이 그의 자전적인 사실에서 발견되기 때문이다.

이 같은 나보코프 자신의 해명에도 불구하고, 아니 그보다는 그가 해명을 너무 적극적으로 하기 때문에 많은 사람들은 그가 커밍아웃하지 않은 소아성애자라고 생각하기도 한다. 이런 사람들 중의 하나가 센터월이다. 그는 "나보코프가 커밍아웃하지 않은 소아성애자라고 결론 내릴 수 있는 정당한 근거가 있다"고 주장한다.[29] 그가 이렇게 주장하는 근거로는 이 소설의 서술자이고 주인공인 험버트 험버트의 이름인데, 이는 대가 H.H.로 줄여서 불리기도 한다. 그런데 나보코프의 이름에서도 이런 현상이 발견된다. 나보코프의 러시아 이름은 블라디미르 블라디미로비치 나보코프인데, 그와 가까운 사람들은 그를 단지 V.V.로 줄여서 불렀다. 이렇게 볼 때 "험버트 험버트라는 이름은 블라디미르 블라디미로비치가 소아성애자라는 가장 직접적인 수긍인 셈이다"라고 센터월을 주장한다.[30] 또한 필드는 『롤리타』가 출간 됐을 때에 나보코프가 재직하던 코넬 대학교에서는 험버트

---

28) Nabokov, *Lectures on Literature*, p. 208.
29) Centerwall, p. 468.
30) Centerwall, p. 472.

험버트가 소설에 묘사된 것처럼 허구적인 인물이 아니라는 소문이 떠돌기도 했다고 밝히고 있다.[31] 또한 나보코프는 나비 채집에 광적으로 집착하는 사람이었다. 이런 그의 취미가 단순히 나비를 채집하는 것으로 그쳤다면 별 문제가 없는데, 그는 나비를 잡아서는 나비의 생식기관을 몇 시간이고 파헤치는 데에 골몰하곤 했다. 이 같은 그의 악취미(?)는 "커밍아웃 하지 않은 소아성애자에게 특이하게 적합한 취미"라고 센터월을 주장한다.[32] 이러한 그의 취미는 관음증적인 측면이 있는데, 험버트가 소설에서 보이는 관음증과도 크게 다르지 않다. 나보코프의 나비 수집 취미는 그가 일곱 살이던 때부터 시작됐는데, 이는 바실릴리 루카비쉬니코프(줄여서 루카 아저씨라고 불림)라는 그의 아저씨와 그와의 관계에 그 원인이 있다고 볼 수 있다.

루카 아저씨는 자식이 없이 혼자 사는 백만 장자였는데, 그는 자신의 전 재산을 나보코프에게 상속할 것을 유언장에 명기했다. 이리하여 나보코프는 아저씨가 죽은 후 1916년에 그의 전 재산을 상속받게 된다. 그러나 우리가 관심을 가지는 것은 이 같은 상속이 아니다. 나보코프의 집안에서는 루카 아저씨가 나보코프를 성적으로 좋아한다는 사실이 공공연한 비밀이었다. 그러나 그의 부모들은 아저씨의 이런 행동을 전혀 저지하지 않았다. 그것은 물론 나보코프가 아저씨의 막대한 재산을 상속받을 것이기 때문이었다. 부모의 이런 태도에 나보코프는 속으로 대단히 분노하고 있었지만, 이를 드러내지 않고 속으로만 끙끙 앓고 있었다. 소설에서 롤리타와 험버트의 나이가 각각 12세와 37세로 나오는데, 이는 또한 나보코프와 아저씨의 나이이기도 하다. 이는 우연의 일치일 수는 없다. 성적 학대를 받은

---

31) Field, p. 306.
32) Centerwall, 479.

아이가 자라면 그가 또한 성학대자가 된다는 사실은 정신분석학의 정설로 굳은 이론인데, 나보코프의 경우 커서 소아성애자가 될 것은 거의 확실하다고 말할 수 있다.

나보코프의 자서전인 『기억아 말하라』에는 그의 성도착性倒錯의 원인을 시사하는 아주 흥미 있는 기록이 있다. 이 기록은 어머니가 날씨가 궂은 오후에 버섯을 따러 가는 것에 대한 그 자신의 추억을 기록한 다음과 같은 묘사이다.

> 날이 흐린 날 오후가 되면 어머니는 혼자 바구니를 들고는 [중략] 오랜 시간에 걸친 버섯 따기에 나서곤 했다. 저녁 식사 때가 돼서야 어머니는 흐릿한 오솔길의 먼 곳에서 나타나는 것이 보였다. 그녀는 작은 몸에 초록색이 돋는 갈색 모직 옷을 입고 있었는데, 옷 위에 떨어진 무수한 빗방울들은 그녀를 안개 속의 인물처럼 보이게 했다. 그녀가 빗방울이 뚝뚝 떨어지는 나무 밑을 지나오면서 나를 보자, 그녀의 얼굴은 일그러지고 기분 잡친 표정을 지었다. 이런 어머니의 표정을 보고 어머니에게 좋지 않은 일이 생긴 것은 아닌가 생각했다. 그러나 어머니의 이런 표정은 버섯을 많이 딴 사람이 보이는 불안하지만 누구에게도 빼앗길 수 없는 희열을 감추려고 하는 표정이라는 것을 알고 있었다.[33]

이 같은 나보코프의 묘사에 대해 잉험은 아주 흥미로운 주장을 편다. 그것은 이 묘사가 어린애의 최초의 성교 장면을 목격한 기억을 묘사한 것으로 풀이한다. 물론 여기에 나오는 버섯은 남성기를 상징하는 것으로, 어머니가 버섯을 따러 갔다는 것은 그녀가 성적 행위를 했다는 것을 은유적으로 표현한 것이다. 어머니가 나보코프를 보자 그녀는 잡친 표정을 짓는데, 나

---

33) Nabokov, *Speak, Memory*, p. 44.

보코프는 이 같은 어머니의 표정을 버섯을 많이 딴 사람이 "불안하지만 누구에게도 빼앗길 수 없는 희열을 감추려고 하는 표정"이라고 말한다. 그렇다면 이 같은 묘사는 무엇을 의미하는가?

잉험은 "버섯을 따는 어머니라는 묘사는 부모 사이의 성교에 대한 기억이나 환상을 차폐(遮蔽)한다"고 주장한다.[34] 차폐기억은 "흔히 사소하거나 무해한 성질의 것이기는 하지만 받아들일 수 없는 경험에 대한 기억을 말한다. 이 차폐기억은 그것과 연결되어 있는 좀 더 중요한 내용의 경험을 숨기거나 또는 의식화되지 못하게끔 하는데 사용된다."[35] 이렇게 볼 때 나보코프의 자서전에 나오는 위에 인용한 묘사는 그의 부모의 최초의 성교 장면의 차폐기억에 대한 묘사인 셈이다. 최초 성교 장면은 어린이에게는 대단한 정신적 외상으로 작용하여, 그가 성장한 후에 발기부전, 불감증, 성도착증 등 신경증을 일으키는 원인을 제공하는 것으로 정신분석학에서는 보고 있다. 이러한 관점에서 볼 때, 나보코프의 최초의 성교 장면 묘사는 그의 소아성애라는 성도착증의 원인으로 작용했으리라는 추측은 크게 잘못된 추측은 아닐 것이다.

8. 나가는 말

이 글에서 필자는 『롤리타』의 서술자인 험버트의 심리에 대한 정신분석학적 읽기를 시도했다. 필자가 이런 읽기를 시도한 이유는 험버트와 이 소설의 작가인 나보코프의 자전적인 사실 사이에 어떤 관계가 있는가를 살펴

---

34) Ingham, p. 49.
35) 이병윤 430쪽.

기 위한 것이었다. 나보코프는 『롤리타』와 관련하여, 이 소설이 단지 허구적인 창작일 뿐, 자신의 자전적인 사실과는 전혀 무관함을 적극적으로 주장했다. 이러는 과정에서 그는 프로이트의 정신분석학을 신랄하게 비판하면서, 이 이론은 단지 비과학적인 미신에 불과하다는 의견을 내놓기도 했다. 이러한 그의 주장에 대해 두 가지의 상반되는 반응이 있다. 그 하나는 이 같은 그의 부인을 받아들이는 사람들과 그렇지 않은 사람들이다. 잉험은 "그[나보코프]의 정신분석학에 대한 신랄한 비판은 그의 비판이 부정하고 싶어하는 진실을 그가 은밀히 긍정한다는 것을 의미한다"고 주장한다.[36] 이 글의 전개에서 드러나듯이 필자 또한 잉험의 입장과 동일한 입장을 가지고 있다. 나보코프가 자신은 소아성애자가 아니며, 단지 사례 연구나 실제적인 관찰을 통해 소아성애증을 이해하여 이를 소설 집필에 사용한 것뿐이라고 주장하지만, 그 자신이 쓴 자서전에서 드러난 사실들은 그 자신이 소아성애자일 가능성이 아주 높은 것임을 보여주기 때문이다.

---

36) Ingham, p. 49.

인용문헌

Ackroyd, Peter. *T. S. Eliot*. London: Hamish Hamilton, 1984.

Adams, Hazard, et al., eds. *Critical Theory Since 1965*. Tallahassee, FL: FL State UP, 1986.

Aiken, Conrad. "An Anatomy of Melancholy." *The New Republic*, Vol. 33. No. 427(Feb. 7, 1923), pp. 294-295.

Aiken, Conrad. *A Reviewer's ABC*. New York: Meridian Books, 1958.

Althusser, Louis. "Ideology and Ideological State Apparatuses." In Adams, pp. 239-250.

Aristotle. *Poetics*. In Leitch, pp. 90-117.

Beidler, Peter G. "Introduction: Biographical and Historical Contexts." In James, pp. 3-19.

Beidler, Peter G. "The Governess and the Ghosts." *PMLA*, Vol. 100, No. 1. (Jan. 1985), pp. 96-97.

Blechner, Mark J. "King Lear, King Leir, and Incest Wishes." *American Imago: A Psychoanalytic Journal for the Arts and Science*, Vol. 45, No. 3(1988 Fall), pp. 309-325.

Bloom, Harold. *Shakespeare: The Invention of the Human*. New York: Riverhead Books, 1998.

Booth, Wayne C. "'He began to read to our hushed little circle': Are We Blessed or Cursed by Our Life with *The Turn of the Screw*?" In James, pp. 163-178.

Bourdieu, Pierre, with L. Wacquant. *An Invitation to Reflexive Sociology*. Cambridge:

Polity Press, 1992.

Brooker, Peter. *A Glossary of Cultural Theory*. 2nd ed. London: Arnold, 2002.

Centerwall, Brandon S. "Hiding in Plain Sight: Nabokov and Pedophilia." *Texas Studies in Literature and Language*, Vol. 32, No. 3(Fall 1990), pp. 468-484.

Cole, Merrill. *The Other Orpheus: A Poetics of Modern Homosexuality*. New York and London: Routledge, 2003.

Couturier, Maurice. "Narcissism and Demand in *Lolita*." *Nabokov Studies*, Vol. 9(2005), pp. 19-46.

Cox, C. B., et al., eds. *T. S. Eliot. The Waste Land: A Casebook*. London: Macmillan, 1968.

Creech, James. *Closet Writing/Gay Reading*. Chicago: U of Chicago P, 1993.

Eagleton, Terry. *Literary Theory: An Introduction*. 2nd ed. Oxford, UK: Basil Blackwell, 1993.

Eagleton, Terry. *Literary Theory: An Introduction*. Oxford, UK: Basil Blackwell, 1983.

Eagleton, Terry. *William Shakespeare*. Oxford, UK: Basil Blackwell, 1986.

Edel, Leon. *Henry James: A Life*. New York: Harper & Row, 1985.

Eliot, T. S. "Commentary." *Criterion*, No. 13(April 1934), pp. 451-4.

Eliot, T. S. "Thoughts after Lambeth." In Eliot, *Selected Essays*, pp. 363-387.

Eliot, T. S. *On Poetry and Poets*. New York: Noonday, 1957

Eliot, T. S. *Selected Essays*. London and Boston: Faber and Faber, 1932.

Eliot, T. S. *The Complete Poems and Plays of T. S. Eliot*. London and Boston: Faber and Faber, 1978. CPP로 줄임.

Eliot, T. S. *The Use of Poetry and the Use of Criticism*. London: Faber and Faber, 1933.

Eliot, T. S. *The Waste Land: A Facsimile and Transcript of the Original Drafts Including the Annotations of Ezra Pound*. Ed. Valerie Eliot. London: Faber and Faber, 1971. Facsimile로 줄임.

Ellmann, Richard. *Golden Codgers: Biographical Speculations*. New York and London: Oxford UP, 1973.

Evans, Dylan. *An Introductory Dictionary of Lacanian Psychoanalysis*. London: Routledge, 1996.

Field, Andrew. *VN: The Life and Art of Vladimir Nabokov*. New York: Crown, 1986.

Freud, Sigmund. "The Uncanny". In *Art and Literature. The Penguin Freud Library*. No. 14, pp. 335-376.

Freud, Sigmund. *A General Introduction to Psychoanalysis*. Tr. Joan Riviere. New York: Liveright, 1935.

Freud, Sigmund. *Art and Literature. Penguin Freud Library*. Vol. 14. Tr. James Strachey. London: Penguin, 1990.

Freud, Sigmund. *The Interpretation of Dreams*. Tr. James Strachey. New York: Avon Books, 1965.

Gordon, Lyndall. *Eliot's Early Years*. Oxford and New York: Oxford UP, 1977.

Gordon, Lyndall. *T. S. Eliot: An Imperfect Life*. New York: Norton, 1998.

Hall, Donald E. *Literary and Cultural Theory: From Basic Principles to Advanced Applications*. Boston and New York: Houghton and Mifflin, 2001.

Hall, Donald. "The Art of Poetry." *The Paris Review*, No. 21 (Spring-Summer 1959), pp. 47-70.

Hargrove, Nancy D., and Grootkerk, Paul. "*The Waste Land* as a Surrealist Poem." *The Comparatist*, No. 19(1995), pp. 4-19.

Harrison, Andrew. "Introduction." In Worthen and Harrison, pp. 3-26.

Hawkes, Terence. "'Love' in *King Lear*." Frank Kermode, *King Lear: A Casebook*, pp. 178-183.

Hiatt, L. R. "Nabokov's *Lolita*: A 'Freudian' Cryptic Crossword." *American Imago*, Vol. 24, No. 4(Winter 1967), pp. 360-370.

Hoeveler, Diane Long, et al., eds. *Approaches to Teaching Gothic Fiction: The British and American Traditions*. New York: The MLA, 2003.

Ingham, John M. "Primal Scene and Misreading in Nabokov's *Lolita*." *American Imago*, Vol. 59, No. 1(2002), pp. 27-52.

Jain, Manju. *A Critical Reading of the Selected Poems of T. S. Eliot*. New York: Oxford UP, 1991.

James, Henry. *The Turn of the Screw*. Ed. Peter G. Beidler. 1st ed. Boston: Bedford, 1995.

Kahn, Coppélia. "The Absent Mother in *King Lear*." In Donald E. Hall, pp. 115-133.

Kaplan, Fred. *Henry James: The Imagination of Genius*. New York: Morrow, 1992.

Kermode, Frank. *King Lear: A Casebook*. London: Macmillan, 1969.

Kristeva, Julia. "About Chinese Women." In Saguro, pp. 245-260.

Kristeva, Julia. *Desire in Language: A Semiotic Approach to Literature and Art*. Ed. Leon S. Roudiez. Oxford, UK: Basil Blackwell, 1980.

Lacan, Jacques. *Écrits*. Paris: Seuil, 1966.

Lacan, Jacques. *Écrits: A Selection*. Tr. Alan Sheridan. New York: Norton, 1977.

Lacan, Jacques. *Écrits: The First Complete Edition in English*. Tr. Bruce Fink. New York: Norton, 2006.

Lacan, Jacques. *On Feminine Sexuality, The Limits of Love and Knowledge, 1972-1973. Encore. The Seminar of Jacques Lacan. Book XX*. Tr. Bruce Fink. New York: Norton, 1998.

Lacan, Jacques. *The Seminar. Book III. The Psychoses, 1955-56*. Tr. Russell Grigg. London: Routledge, 1993.

Lacan, Jacques. *The Seminar. Book VII. The Ethics of Psychoanalysis, 1959-60*. Tr. Dennis Porter. London: Routledge, 1992.

Lacan. Jacques. *The Seminar. Book XI. The Four Fundamental Concepts of Psychoanalysis*.

Tr. Alan Sheridan. London: Penguin Books, 1977.

Lawrence, D. H. *Mr. Noon*. Ed. Lindeth Vasey. Cambridge: Cambridge UP, 1984.

Lawrence, D. H. *Sons and Lovers*. Penguin Books, 1913.

Leitch, Vincent B., ed. *The Norton Anthology of Theory and Criticism*. New York and London: Norton, 2001.

Maddox, Brenda. *D. H. Lawrence: The Story of a Marriage*. New York: Simon and Schuster, 1994.

Markley, A. A. "Teaching the Doppelgänger in American Gothic Fiction: Poe and James." In Hoeveler, pp. 196-201.

Miller, Jr., James E. *T. S. Eliot's Personal Waste Land: Exorcism of the Demons*. Univ. Park, PA: Pennsylvania State UP, 1977.

Nabokov, Vladimir. *Lectures on Literature*. New York: Harcourt Brace Jovanovich, 1980.

Nabokov, Vladimir. *Speak, Memory*. New York: Vintage International, 1989.

Nabokov, Vladimir. *The Annotated Lolita*. Rev. and Updated. Ed. Alfred Appel, Jr. New York: Vintage Books, 1970.

Panagopoulos, Nic. "*Victory* and *Romeo and Juliet*: Eros and Thanatos." *Conradiana*, Vol. 38, No. 2(2007), pp. 135-151.

Peter, John. "A New Interpretation of *The Waste Land*." *Essays in Criticism*, Vol. 19, No. 2(1969), pp. 140-175.

Reber, Arthur S. *The Penguin Dictionary of Psychology*. London and New York: Penguin Books, 1995.

Renner, Stanley. "'Red hair, very red, close-curling': Sexual Hysteria, Physignomical Bogeymen, and the 'Ghosts' in *The Turn of the Screw*." In James, pp. 223-241.

Richards, I. A. An Extract from *The Principles of Literary Criticism*(1926). In C. B. Cox, et al, eds. *T. S. Eliot. The Waste Land: A Casebook*, pp. 51-55.

Ryan, Michael. *Literary Theory: A Practical Introduction*. Oxford, UK: Blackwell, 1999.

Rycroft, Charles. *A Critical Dictionary of Psychoanalysis*. 2nd ed. London: Penguin Books, 1995.

Saguro, Shelley, ed. *Psychoanalysis and Woman: A Reader*. New York: NYU P, 2000.

Samuels, Andrew, et al. *A Critical Dictionary of Jungian Analysis*. London and New York: Routledge, 1993.

Saussure, Ferdinand de. *Course in General Linguistics*. Tr. Wade Baskin. New York: McGraw-Hill, 1959.

Shakespeare, William. *King Lear*. The Arden Edition of the Works of William Shakespeare. Ed. Kenneth Muir. London: Methuen, 1952.

Shakespeare, William. *Romeo and Juliet*. The Arden Edition of the Works of William Shakespeare. Ed. Brian Gibbons. London and New York: Methuen, 1980.

Smith, Grover. *T. S. Eliot's Poetry and Plays: A Study in Sources and Meaning*. Chicago: U of Chicago P, 1956.

Southam, B. C. *A Student's Guide to the Selected Poems of T. S. Eliot*. London and Boston: Faber and Faber, 1981.

Stone, Lawrence. *The Crisis of Aristocracy, 1558-1641, Abridged Ed*. New York: Oxford UP, 1967.

Time. June 8, 1998.

Willen, Gerald, ed. *A Casebook on Henry James's* The Turn of the Screw. New York: Crowell, 1960.

Wilson, Edmund. "The Ambiguity of Henry James." In Willen, pp. 115-153.

Woodman, Marion, "'Taking it Like a Man': Abandonment in the Creative Woman." In Saguro, pp. 202-215.

Worthen, John, and Andrew Harrison, eds. *D. H. Lawrence's* Sons and Lovers: *A Casebook*. New York: Oxford UP, 2005.

이병윤. 『정신의학사전』. 서울: 일조각, 1997.

최경도[번역]. 『나사의 회전』. 서울: 민음사, 2006.

황동규[번역]. 『황무지』. 서울: 민음사, 1991.

찾아보기

이정호(李廷鎬)

서울대학교 문리과대학 영어영문학과 졸업
하와이대학교 대학원(석사)
켄트주립대학교 대학원(영문학 박사)
성심여대(현 가톨릭대학교), 아주대학교 조교수 역임
현재, 서울대학교 인문대학 영어영문학과 명예교수

저서	『주이상스의 텍스트: 미국 문학 새로 읽기』. 동인, 2007.
	『텍스트의 유혹: 영국 모더니즘 문학 새로 읽기』. 동인, 2006.
	『영미문학을 읽는 새로운 패러다임』. 동인, 2005.
	『텍스트의 욕망』. 서울대학교출판부, 2003.
	『『황무지』 새로 읽기』. 서울대학교출판부, 2002.
	『T. S. 엘리엇 새로 읽기』. 서울대학교출판부, 2001.
	『영국 낭만기 문학 새로 읽기 1』. 서울대학교출판부, 2000.
	『영시 새로 읽기』. 서울대학교출판부, 1998.
	『포스트모던 문화 읽기』. 서울대학교출판부, 1995.
	『영미시의 포스트모던적 읽기』. 서울대학교출판부, 1994.
	『포스트모던 시대에서의 영미문학의 새로운 이해』. 서울대학교출판부, 1991.
	『키츠 시의 연구』. 서울대학교출판부, 1986.
편저서	『포스트모던 T. S. 엘리엇』. 서울대학교출판부, 1996.
	『페미니즘과 영미문학 읽기』. 서울대학교출판부, 1996.

사랑의 미로: 정신분석과 텍스트 읽기 ▬▬▬▬▬▬▬▬▬▬

이정호 지음

발행일 • 2008년 11월 20일
발행인 • 이성모
발행처 • 도서출판 동인
서울시 종로구 명륜동 아남주상복합빌딩 118호
등록 • 제 1-1599호
TEL • (02)765-7145, 55 / FAX • (02)765-7165
E-mail • dongin60@chol.com
HomePage • www.donginbook.co.kr

ISBN 978-89-5506-375-2

정가 13,000원

※잘못 만들어진 책은 바꾸어 드립니다.